I0816360

EL LIDERAZGO ES SIMPLE
(aunque no fácil)

THE WISDOM OF THE BULLFROG

Almirante
William H. McRaven

EL LIDERAZGO ES SIMPLE (aunque no fácil)

THE WISDOM OF THE BULLFROG

Las lecciones del hombre que alcanzó
el rango más alto de los Navy SEAL

DIANA

Título original: *The Wisdom of the Bullfrog: Leadership Made Simple (But Not Easy)*

Traducción: Matilde Schoenfeld
Diseño de interiores: Alejandra Romero
Diseño de portada: © Jarrod Taylor
Créditos de portada: © 2023 por Hachette Book Group, Inc.
Adaptación de portada: © Genoveva Saavedra / aciditadiseño

Bajo el sello editorial DIANA M.R.
Avenida Presidente Masarik núm. 111,
Piso 2, Polanco V Sección, Miguel Hidalgo
C.P. 11560, Ciudad de México
www.planetadelibros.us

Primera edición impresa en esta presentación: junio de 2025
ISBN: 978-607-39-2524-2

Impreso en los talleres de Bertelsmann Printing Group USA
25 Jack Enders Boulevard, Berryville, Virginia 22611, USA.
Impreso en EE.UU. - *Printed in the United States of America*

A mi esposa, Georgeann, quien me ha guiado
a través de los momentos difíciles de la vida
y me ha seguido en cada aventura. ¡Te amo!

ÍNDICE

INTRODUCCIÓN

De pie, en la entrada de las instalaciones de entrenamiento Básico de Demolición Submarina/SEAL (BUD/S, por sus siglas en inglés), hay un monstruo reptiliano mitad hombre, mitad pez, de 1.80 m de estatura, con ojos negros saltones, manos y pies palmeados, las branquias ensanchadas hacia afuera y un largo tridente en una mano. Alrededor del cuello tiene un cartel que dice: «¡Así que quieres ser un hombre rana!». Este monstruo de la Laguna Negra desafía a cada uno de los estudiantes que cruzan el alcázar y llegan a la plancha de asfalto conocida como el *Triturador*, lugar en el que los siguientes seis meses soportarás cientos de horas de calistenia, acoso interminable por parte de guerreros curtidos en la batalla, y un sufrimiento físico y mental como nunca antes habías experimentado. A este desafío añade horas de escalofriantes baños en el océano, kilómetros y kilómetros de carreras en arena suave, carreras de obstáculos brutales y la semana del infierno que lo consume todo.

Treinta y cuatro años después de haber comenzado el entrenamiento BUD/S, fui condecorado con la distinción para el hombre rana y Navy SEAL en activo con la mayor cantidad de años de servicio: *Bullfrog*.[1] En casi cuatro décadas de servicio aprendí mucho sobre lo que se necesita para ser un hombre rana y liderar hombres rana. Pero también tuve el honor de dirigir a muchos otros: Boinas Verdes, rangers, pilotos de la Fuerza Aérea y operadores de Tácticas Especiales; Marine Raiders, soldados de infantería, oficiales de barcos y submarinos, profesionales de inteligencia y aplicación de la ley, funcionarios públicos, médicos, investigadores, técnicos, estudiantes y profesores. Desde mi época de guardiamarina hasta la de almirante de cuatro estrellas y rector del Sistema de la Universidad de Texas, cada día, cada semana, cada mes, cada año,

[1] Durante el primer año compartí la distinción con mi buen amigo, el comandante Brian Sebenaler, hasta su jubilación en 2012.

cada década me trajo nuevas lecciones de liderazgo. Algunas fueron fáciles, otras implicaron mucho dolor, pero todas fueron valiosas. Cada una de las lecciones me sería de gran utilidad para afrontar los desafíos que me presentaba la vida.

Pero sin importar si eres guardiamarina o almirante, el liderazgo nunca es fácil. Incluso aquellos que suelen llevar con facilidad la carga del liderazgo constantemente enfrentan dificultades. Carl von Clausewitz, el gran general del siglo XIX, autor del consumado libro *De la guerra,* dijo que «todo en la guerra es simple, pero las cosas simples son difíciles».

En 2009, mientras volaba de regreso a Afganistán, leía una revista de política exterior. En ella había dos artículos escritos por un par de académicos de la Costa Este, en los que explicaban cómo el Ejército estadounidense simplemente no entendía cuál era la mejor manera de ganar la guerra en Afganistán. Afirmaban, de manera bastante condescendiente, que si los militares se enfocaran en construir carreteras, podrían conectar las aldeas con los distritos. Después, y ya con más caminos, podrían conectar los distritos con las provincias y, al final, las provincias con la capital.

Construir toda esta infraestructura les permitiría a los afganos prosperar y, con ello, fortalecerse lo suficiente como para derrotar a los talibanes. *Todo lo que los militares tenían que hacer era construir carreteras.* Vaya, ¿en serio? ¿Por qué no se nos había ocurrido antes? Pues, de hecho, ¡pensamos en eso! Pero cuando la gente te dispara e intenta hacerte volar en pedazos es difícil construir carreteras. Y esa, querido lector, es también la naturaleza del liderazgo. Todo en el liderazgo es simple, pero lo más simple es difícil. Sería muy fácil decir «Sean hombres y mujeres de gran integridad», «Dirige desde el frente» o «Cuida a tu tropa», pero es difícil de hacer. ¿Por qué? Debido a que somos humanos y cada uno de nosotros tiene sus debilidades y deficiencias, las cuales pueden afectar la forma de liderar. *Pero así como es difícil el liderazgo, no es complicado.*

En su forma más simple, el liderazgo consiste en «completar una tarea con las personas y los recursos disponibles mientras mantienes la integridad de la institución». Un buen líder sabe, por un lado, cómo inspirar a los hombres y mujeres que trabajan para él y, por el otro, cómo dirigir a las personas y administrar los recursos necesarios para cumplir con la tarea. Pero el liderazgo no *solo* significa concluir el trabajo, también implica mantener o mejorar la reputación de la institución. ¿Cuántas veces no hemos leído acerca de alguna delegación deportiva universitaria que destacaba en atletismo pero que se vio inmersa en un escándalo porque hicieron trampa? ¿O de una institución financiera que hizo ganar mucho dinero a sus accionistas pero que al final quebró porque infringió la ley? Si como líder le fallas a la institución que diriges, fracasaste y punto. Una vez más, el liderazgo es difícil, mas no complicado. Para hacerlo bien no se necesita una gráfica sofisticada, una fórmula o un algoritmo complejo; lo que se necesita es una guía.

Entonces, ¿cómo simplificar la difícil naturaleza del liderazgo? Pues bien, por miles de años, los militares han recurrido a lemas, credos, parábolas e historias para inspirar, motivar, y guiar a líderes y seguidores por igual. Estas máximas refuerzan determinadas conductas al tiempo que proporcionan un estímulo para la memoria, una respuesta pavloviana y una oleada de inspiración que ayuda a dirigir las acciones individuales en medio de la incertidumbre.

Cuando servía en el Ejército, con frecuencia me apoyaba en estos dichos para guiar mis acciones. Cada vez que debía tomar una decisión difícil, me preguntaba: «¿Puedes pararte ante la larga mesa verde?». Desde la Segunda Guerra Mundial, las mesas de conferencias utilizadas en juntas militares se construían con largos y estrechos muebles cubiertos de manteles verdes. Cada vez que se llevaba a cabo un procedimiento formal que requería que varios oficiales juzgaran un asunto, estos se reunían alrededor de la mesa. La razón de la máxima era simple: si *eras incapaz* de presentar un argumento convincente a los oficiales sentados alrededor de la larga mesa verde, entonces tenías que reconsiderar tus acciones. Cada vez que me enfrentaba a una decisión importante, me preguntaba: «¿Puedo presentarme ante la larga mesa verde con la satisfacción de haber tomado todas las medidas correctas?». Esa es una de las preguntas más importantes que debe plantearse un líder, y aquella vieja frase me recordaba qué pasos debía dar.

Pero hay otros lemas y refranes que entrañan el mismo poder, como la de los rangers del Ejército, *«sua sponte»* (Por tu propia voluntad); el lema del Servicio Aéreo Especial Británico, «Quien se atreve gana»; y el mantra SEAL, «El único día fácil fue ayer». Todas estas máximas tienen su historia, la cual impulsó a los líderes de la época a tomar ciertas decisiones profundas. Es decir, inspiraron a la acción en el fragor de la batalla y sirvieron para fortalecer la determinación del líder y motivar a las tropas.

Estas máximas no son simples palabras, son fruto de la experiencia y de las pruebas de fuego, y la mayoría fue escrita con sangre. Son palabras que vale la pena recordar mientras intentamos darle forma a nuestra respuesta ante un problema.

En este libro recopilé 18 de los dichos que me han guiado a lo largo de mi carrera: lemas, parábolas, credos e historias que me han resultado en extremo útiles cuando emprendía una nueva tarea o cuando enfrentaba un desafío particularmente difícil de liderazgo.

Los 18 capítulos son una mezcla de cualidades personales y acciones profesionales. Todo líder debe poseer ciertas cualidades y mostrarlas en su vida personal si espera liderar bien. Pero un carácter fuerte por sí solo es insuficiente para tener éxito. Como líder, uno debe tomar medidas para elaborar un plan, comunicar la intención de este, supervisar el progreso y responsabilizar a las personas (y a uno mismo). En conjunto, las cualidades y las acciones son los pilares de los grandes líderes.

El camino para convertirme en *Bullfrog* no fue fácil. De hecho, no hay ningún camino hacia la cima que lo sea, pero espero que encuentres sabiduría en estas páginas y que con ella tu camino hacia la cima sea mucho más fácil de recorrer.

CAPÍTULO UNO

Muerte antes que deshonra

Lo más trágico en el mundo es que
un hombre ingenioso no sea un hombre de honor.

George Bernard Shaw

Honor. La palabra suena un poco pintoresca en el habla coloquial actual. El honor de un caballero. El honor de una dama. Honrar a tu madre y a tu padre. El honorable juez fulano de tal. Pero durante miles de años, el honor ha tenido significado y valor. Ha sido considerado de suma importancia para la persona que eres. ¿Honras a tu familia siendo un hombre o una mujer con virtudes? ¿Honras a tu país sirviendo en tiempos de necesidad? ¿Honras tu fe siendo piadoso y reverente?

Cuenta la leyenda que la frase «Muerte antes que deshonra» comenzó con los estoicos griegos, quienes estaban dispuestos a morir antes que comprometer sus valores. Más tarde, Julio César diría: «Amo el nombre del honor más de lo que temo a la muerte». Por su parte, los samuráis de Japón, inmersos en la tradición del honor, siempre estaban dispuestos a morir antes que deshonrar su servicio al emperador. Y ya en nuestros tiempos, el cuerpo de marines de Estados Unidos adoptó de forma extraoficial el dicho «Muerte antes que deshonra» después de que el legendario sargento de la infantería de marines John Basilone se tatuara el lema en su brazo izquierdo.

Desafortunadamente, a lo largo de los siglos ha habido hombres y mujeres disfrazados de «honor», pero que en realidad eran tan carentes de escrúpulos y viles como cualquier otro ser humano en la historia. Sin embargo, el verdadero honor (hacer lo correcto por las razones correctas) es la base de un gran liderazgo. Con él, tus colegas te seguirán en las pruebas y dificultades de tu misión. Pero sin honor, nada de lo que consigas tendrá un valor duradero. Y si deshonras a tu empresa, a tu familia, a tu país o a tu fe, tu legado de liderazgo quedará empañado para siempre.

Al acercarme al podio en el Gran Salón de la Academia Militar de Estados Unidos, quedé impresionado por los cadetes que estaban frente a mí. Estaba ante los mejores de Estados Unidos, ataviados de forma inmaculada con su uniforme de gala gris, repleto de botones de latón y franjas doradas. Eran hombres y mujeres jóvenes que se habían ofrecido como voluntarios para alistarse en el ejército durante tiempos de guerra, con la conciencia de que al levantar la mano podrían encontrarse ellos mismos en combate durante sus años de servicio.

Alrededor de la sala había recordatorios de los destacados soldados que los habían precedido: Grant, Pershing, Eisenhower, Patton y MacArthur. Los símbolos del compromiso de Estados Unidos con los valores del deber, el honor y la patria colgaban de las paredes.

Era 2014 y, como cabeza del Comando de Operaciones Especiales de Estados Unidos, me habían invitado como orador en la Noche número 500, una gala que marcaba los últimos quinientos días antes de que los jóvenes de West Point se graduaran. Al no ser egresado de la academia ni oficial del Ejército, para mí fue un gran honor dirigirme a ellos. Titulé mi discurso «A Sailor's Perspective on the Army» [La perspectiva de un marinero en cuanto al Ejército].

Debido a que los últimos 12 años de guerra había servido al lado de algunos soldados notables, pensé que podría brindarles cierta perspectiva a los jóvenes cadetes, una que no estuviera influenciada por mi uniforme de servicio.

Comencé dejando en claro que el ejército al que se enlistaban no era el de Hudson[2] ni el de los libros de historia, pero tampoco era el ejército retratado en los innumerables murales del campus. Este era el ejército de hoy, con los problemas de hoy, con los soldados de hoy, necesitados de un liderazgo real. El liderazgo suena simple en los libros, señalé, pero es bastante difícil en la vida real. Es difícil porque es una interacción humana y nada es más desalentador, más frustrante y más complejo que intentar liderar a hombres y mujeres en tiempos difíciles. Aquellos oficiales que lo hacen bien se ganan el respeto porque, por desdicha, hacerlo mal es muy común.

---

[2] *Army of the Hudson* es una referencia a un momento de la historia de EUA a principios del siglo xx en el que hubo múltiples protestas en todo el mundo, pero, sobre todo, una en territorio estadounidense que recorrió 400 km para concientizar a las mujeres y a la población en general sobre el derecho al voto de las mujeres. *(N. de la t.)*.

Había elegido esas últimas palabras con cautela porque ese mismo día había pasado por el «Código de honor de los cadetes», que está grabado en vidrio en una pared de piedra que adorna los terrenos de la academia. El código es simple pero asombrosamente poderoso: «Un cadete no mentirá, engañará, robará ni tolerará a quienes lo hagan».

La misión de la Academia Militar de Estados Unidos se rige por el «Código de honor». La misión de West Point no es producir genios estilo Patton, generales de cuatro estrellas o presidentes de Estados Unidos, sino «líderes de carácter». Y es justamente el Código de honor la base de ese carácter, pues invita a hombres y mujeres jóvenes que aspiran a «vivir por encima del nivel común de vida».

Vivir por encima del nivel común de vida: ser noble cuando otros pueden carecer de principios; ser honorable cuando otros pueden ser desvergonzados; ser hombres y mujeres íntegros cuando otros pueden recurrir a la deshonestidad. Lo que descubrí al dirigir y ser dirigido por grandes oficiales de todas las ramas del servicio fue la importancia del carácter y de tener un código de honor personal que te ayude a guiarte en los momentos difíciles.

Cuando vemos caer a los generales, cuando sus debilidades se hacen públicas y sus fallas de carácter quedan al descubierto, es fácil creer que ese código no es más que una serie de palabras huecas para inspirar a hombres y mujeres jóvenes impresionables. Cuando aquellos a quienes consideramos héroes se derrumban, es fácil hartarse de la fealdad de la vida y volverse cínico. Pero no te equivoques, si quieres ser un gran líder, debes tener un código de conducta personal que sirva de ancla a tus decisiones y tus acciones. Un ancla que te ate a un buen lugar de regreso cuando te extravíes. Y ten por seguro que la mayoría de las personas nos extraviaremos en algún momento. Todos somos humanos, tomamos malas decisiones, actuamos de forma estúpida y nos arrepentimos de algo que hicimos; sin embargo, todos deberíamos esforzarnos —con vehemencia— por ser honorables.

Cuando me uní a los equipos SEAL en 1978, todos los operadores eran veteranos de Vietnam. Eran duros, malhumorados, irreverentes y, en ocasiones, insubordinados, pero aún existía en ellos un sentido de nobleza que moldeaba su carácter. Aunque habían enfrentado una guerra difícil y desagradable que en ocasiones puso a prueba su humanidad, comprendieron la necesidad de ser hombres íntegros y de honor.

Y, al igual que sus antepasados sobrevivientes a Vietnam, los SEAL de hoy no están libres de panoramas oscuros, pero el *estándar* de conducta sigue siendo alto, de modo excepcional. En 2005, los SEAL modernos plasmaron esa norma de conducta en el código ético de los SEAL, el llamado *Navy* SEAL *ethos*, que, en parte, dice:

> Sirvo con honor dentro y fuera del campo de batalla a [...]. La integridad sin concesiones es mi estándar [...]. Mi palabra es mi vínculo.

El código ético de los SEAL refleja el código de conducta de muchas otras unidades militares. El credo de los rangers del Ejército declara: «Siempre me esforzaré por defender el prestigio, el honor y el alto espíritu de mi regimiento de rangers». De manera similar, el credo de los Boinas Verdes afirma: «Me comprometo a defender el honor y la integridad del legado [de los Boinas Verdes] en todo lo que soy y en todo lo que hago». A su vez, el de los Marine Raiders sostiene: «Defenderé el honor del legado y el valor que me han transmitido. Siempre haré lo correcto [...]. No me avergonzaré a mí mismo ni a aquellos a quienes sirvo».

Por supuesto, no se trata solo de los militares; la ley de las niñas exploradoras señala: «Haré todo lo posible para ser honesta y justa [...] [y] hacer del mundo un lugar mejor». El juramento de los niños exploradores sostiene: «Por mi honor, haré lo mejor que pueda [...] y [seré] moralmente recto».

Y creo que el juramento hipocrático original capta la importancia de un credo mejor que cualquier otro, pues en su párrafo final declara: «Si cumplo este juramento de forma fiel y no lo quebranto, que se me concedan los frutos de la vida [...] y me gane el respeto de todos los hombres para siempre. Sin embargo, si transgredo este juramento y lo violo, que mi destino sea lo contrario».

Siempre podemos referir ejemplos de personas exitosas, carentes de escrúpulos y de una brújula moral y que, sin embargo, han ganado miles de millones de dólares y han llevado sus industrias a nuevas alturas. Pero en múltiples ocasiones esa falta de integridad —hacer lo incorrecto en lugar de lo correcto— puede manifestarse en una cultura laboral tóxica, un negocio fallido o una tragedia personal.

Si trasgredes tu juramento, tu código de conducta o la decencia básica con la que debes vivir tu vida y administrar tu negocio, con el tiempo perderás el respeto de los hombres y mujeres a quienes sirves, y *lo contrario se convertirá en tu destino.*

Hacer lo correcto es importante porque cuando un líder lo demuestra a diario, desarrolla la cultura de la institución y, a su vez, desarrolla la siguiente generación de líderes. Si eres una persona que carece de carácter, entonces se verá reflejado en la cultura de la organización y estarás preparando a la siguiente generación de líderes para el fracaso.

Con frecuencia escucho que es difícil saber qué hacer. *¡No, no lo es!* Siempre sabes lo que es correcto, pero a veces es muy complicado llevarlo a cabo. Es difícil porque tal vez necesites admitir un fracaso. Es difícil porque la decisión correcta puede afectar a tus amigos y colegas. Es difícil porque es posible que no te beneficies en lo personal al hacer lo correcto. Sí, es difícil. Eso se llama *liderazgo.*

Tener un conjunto de principios morales y ser una persona íntegra son las virtudes más importantes para cualquier líder. En los términos más simples, estos siguen el código de honor de West Point: No mientas, engañes, robes ni toleres a quienes lo hacen. Esto significa que debes ser honesto con tu fuerza laboral, tus clientes y el público. Sé justo en tus acuerdos comerciales. Sigue la regla de oro: trata a los demás como quieres que te traten. Si esto te parece el estilo de *Pollyanna* o como si estuvieras en la escuela dominical, que así sea. Ser una persona con una gran integridad es lo que diferencia a los grandes líderes de los comunes.

Después de 37 años como Navy SEAL, soy demasiado consciente de mis deficiencias como para ser en extremo moralista y decirte, lector, cómo comportarte. Sin embargo, a pesar de mis numerosos tropiezos en el camino, siempre descubrí que tener un conjunto de principios me ayudó durante los momentos más difíciles de mi vida y mi carrera.

Antes de que puedas dominar cualquiera de los otros axiomas de la sabiduría, primero debes esforzarte por ser una persona honorable e íntegra. Eso es lo que sitúa a los grandes líderes por encima de lo común. No será fácil, nunca lo es, pero tampoco es complicado.

EL LIDERAZGO ES SIMPLE

1. Sé justo y honorable en tus acuerdos comerciales. Es la única manera en la que tú y tus empleados podrán dejar un legado del cual estén orgullosos.
2. Nunca mientas, engañes, robes ni toleres a quienes lo hacen. La cultura de tu organización comienza contigo.
3. Asume tus errores de juicio. Le ocurre a todo el mundo. Corrige el problema y vuelve a ser una persona honesta y confiable.

CAPÍTULO DOS

No puedes generar confianza en un instante

Las personas en quienes se confía
de forma plena y correcta devolverán
esa confianza.

ABRAHAM LINCOLN

Dejé mi auto en el pequeño estacionamiento frente a la sede de la CIA. Vestido con mi uniforme azul marino, salí de ahí, subí las escaleras y entré al gran edificio. En el suelo, estaba plasmado el escudo de la Agencia Central de Inteligencia: un círculo con fondo azul y, en el centro, un escudo blanco con una estrella roja, arriba del cual hay un águila con la cabeza volteada hacia su derecha. A mi izquierda estaba el Memorial Wall [Muro conmemorativo de la CIA], con 137 estrellas que conmemoran a los oficiales de la CIA fallecidos en el cumplimiento de su deber. Abajo estaba el Libro de Honor con los nombres de los caídos. En todos los años que había ido a la CIA, nunca dejaron de conmoverme el sencillo edificio de mármol y cada una de las estrellas que contenían tanto sacrificio.

Mientras me acercaba al guardia, pude ver a mi escolta de pie detrás del escritorio, esperando a que registrara mi credencial y atravesara la entrada.

—Señor, es grato verlo de nuevo —señaló mientras yo empujaba el torniquete—. El director lo espera en su oficina.

Como comandante de una unidad de operaciones especiales, me habían convocado de regreso a la sede de la CIA para reunirme con el nuevo director, Leon Panetta. Dimos una vuelta cerrada a la izquierda para tomar un pequeño pasillo y entramos en el ascensor privado del director. Mi escolta presionó el botón y fuimos directo al séptimo piso; el ascensor abrió sus puertas en la oficina exterior de Panetta.

Ahí me recibió otro escolta y me acompañó a la sala de espera. Sonrió, me ofreció una taza de café y me dijo en modo cortés:

—El director estará con usted en unos momentos.

Mientras esperaba, repasé en mi mente lo que sabía sobre Leon Panetta. Era hijo de inmigrantes italianos, nació y creció en Monterey, California, en una granja de nogales. Asistió a la Universidad de Santa Clara, donde obtuvo su licenciatura en Derecho. Panetta pasó una corta temporada en el Ejército y luego tuvo una carrera increíblemente distinguida en la que fue congresista ocho veces, director de la Oficina de Administración y Presupuesto y jefe de gabinete del presidente Bill Clinton. Panetta era conocido por su risa contagiosa, su cálida personalidad y su agudo y mordaz intelecto. Era sociable por fuera, pero tenaz por dentro. Pero con toda su experiencia en Washington, yo sabía que ser director de la CIA era algo absolutamente diferente a cualquier otra actividad que hubiera desempeñado antes. Además, los militares y la CIA a veces tenían una relación de amor y odio. Siempre estábamos compitiendo por recursos, misiones y talento. Y yo estaba a punto de descubrir en qué lado de esa relación estaba Leon Panetta.

Unos minutos más tarde, me llamaron a su oficina. En cuanto crucé la puerta, Panetta, con una gran sonrisa en el rostro y su mano extendida en señal de amistad, dijo:

—Soy Leon Panetta, ¡es un placer conocerlo!

—También es un placer conocerlo, señor director.

—Oh, por favor —instó Panetta—. Llámeme Leon.

Me reí.

—Lo siento, señor. He estado en el Ejército demasiado tiempo y eso no sucederá.

Él se rio conmigo.

De pie en la sala, dispuestos en un semicírculo informal, estaban todos los oficiales superiores de la CIA. Panetta me señaló al primer hombre de la fila y lo presentó como director de operaciones (DDO). Tenía una leve sonrisa en el rostro y un brillo en los ojos cuando me saludó con la cabeza y yo le devolví el saludo. El siguiente en la fila era el director de análisis. Luego, Panetta me presentó al resto de los directores regionales y funcionales. Con cortesía, estreché la mano de cada uno mientras caminaba por la fila.

Una vez que me presentó a todos, Panetta me invitó a sentarme en su mesa de conferencias.

—Gracias de nuevo por venir a visitarnos, Bill. Creo que la relación entre la CIA y su mando es muy importante, y me interesaba mucho que conociera a mi equipo de liderazgo superior para que pudiéramos comenzar a generar confianza mutua.

—Gracias, señor —respondí—. Pero…

Dudé en continuar.

—Pero —el director de operaciones se rio— Bill y yo nos conocemos desde 2003 en Bagdad.

Entonces el director del Centro Antiterrorista intervino:

—Bill y yo pasamos un año juntos en Afganistán.

A continuación, cada uno de los directores contó nuestras experiencias anteriores juntos: Yemen, Somalia, el norte de África, Arabia Saudita, Kuwait, Egipto, Pakistán y Filipinas.

Panetta soltó una carcajada.

—Entonces, ¿soy el único que no ha servido con usted?

Sonreí.

—Bueno, señor, debe saber que la mayoría de nosotros creció en esta guerra conjunta contra el terrorismo.

—Muy bien —Panetta sonrió—. Eso es muy bueno, así no tendremos que dedicarle tiempo a conocernos. Porque cuando *estalle*, no tendremos oportunidad de desarrollar confianza.

Un año después, me llamaron de nuevo a la oficina de Panetta, pero esta vez para ayudar en la planificación de la redada para capturar a Osama bin

Laden. El presidente Obama le había encomendado a Leon Panetta la tarea de capturar o matar a Bin Laden. Si bien aquella misión podría haberse encomendado a otra unidad dentro de la CIA, la decisión de recurrir a mis fuerzas de operaciones especiales no llegó en un instante. Fue el resultado de años de trabajo en conjunto, años de construir relaciones personales y profesionales, años de ganarnos la confianza mutua. E incluso cuando tuvimos disputas entre agencias, que fueron muchas, la CIA creyó que podían depositar su confianza en mí y en mi equipo.

En 2014 me retiré del Ejército y en enero de 2015 me convertí en rector del Sistema de la Universidad de Texas. Dicho sistema comprendía 14 campus diferentes, más de 230 000 estudiantes y 100 000 empleados. Como primer rector «no tradicional» (una persona sin formación académica), yo levantaba ciertas sospechas en la facultad y el personal del sistema. No tenía relación previa con ninguno de los presidentes del campus y había estado fuera de Texas durante casi cuatro décadas. Si bien todos parecían apreciar mi carrera militar, todavía tenían dudas sobre si yo era el hombre adecuado para el trabajo. Como ocurre con cualquier empresa nueva, sabía que tendría que ganarme su confianza, pero después de años de encontrarme en situaciones similares, tenía la fórmula bajo control. Llega temprano. Trabaja duro. Quédate hasta tarde. Ten un plan. Cumple tus promesas. Comparte las dificultades con los empleados. Demuéstrales que te importa. Admite tus errores. Y (¿ya la mencioné?) trabaja duro.

En su libro *La velocidad de la confianza,* Stephen Covey dice que la confianza tiene dos componentes: carácter y aptitud. En principio, puedes confiar en alguien si sabes que es un hombre o una mujer honesto y confiable. Pero si esa persona no cumple sus promesas, si demuestra que es incompetente en el manejo de los asuntos del negocio, después de un tiempo pierdes la confianza en ella. Como líder, tu aptitud se medirá con tu comportamiento personal, tu comportamiento profesional, tu eficacia en el manejo de problemas y tu coherencia.

Para ser un gran líder, tus empleados deben confiar en ti. Si no lo hacen, no te seguirán. Se necesita tiempo para generar confianza, pero es tiempo bien invertido si pretendes liderar de manera eficaz.

EL LIDERAZGO ES SIMPLE

1. Interactúa con tus empleados de forma personal para demostrarles que eres un líder de carácter íntegro y un individuo digno de confianza.
2. Promete solo aquello que puedas cumplir. La forma más rápida de perder la confianza de los demás es prometer demasiado y no cumplirlo.
3. Recuerda que la confianza se construye con el tiempo. No la apresures.

CAPÍTULO TRES

Cuando estés al mando, manda

La vida no es fácil para ninguno de nosotros.
Pero ¿qué tiene? Debemos tener perseverancia
y, sobre todo, confianza en nosotros mismos.
Debemos creer que somos aptos para algo
y que debemos lograrlo.

Marie Curie

Sentado con la espalda recta y la cabeza erguida, escuchaba al teniente Jim McCoy mientras este caminaba ida y vuelta al frente del salón dando su clase a los treinta guardiamarinas sobre la batalla de Midway. Historia Naval era una clase obligatoria para todos los candidatos a oficial en el primer año de la Universidad de Texas. Comenzamos con la guerra del Peloponeso, «tachamos la letra T» con lord Nelson en la batalla de Trafalgar, luchamos con el almirante Jellicoe en Jutlandia, despegamos del USS Yorktown en la batalla del mar del Coral, y ahora nos estábamos preparando para uno de los enfrentamientos navales más importantes de la Segunda Guerra Mundial: Midway.

Era junio de 1942, apenas siete meses después del bombardeo de Pearl Harbor. La Armada Imperial Japonesa, al darse cuenta de que había sido un error no destruir la flota de portaviones estadounidense en Pearl Harbor, tendía una trampa frente a la isla de Midway. Aunque esta se encontraba a 1 300 millas náuticas de Oahu, era una base estratégica para los estadounidenses. El almirante japonés Yamamoto creía que si la Marina de EUA sentía que la isla estaba bajo amenaza, navegarían con sus portaviones desde Pearl Harbor para proteger esta importante base. Tenía razón.

Yamamoto tenía la intención de atraer a los portaviones estadounidenses a una pelea ocultando la mayor parte de su fuerza naval, haciendo que pareciera que los estadounidenses tenían una ventaja numérica. Lo que Yamamoto no sabía era que los estadounidenses habían descifrado el código japonés y pudieron descubir parcialmente el plan de la Armada Imperial. Pero, incluso con ese plan parcial, había muchas dudas sobre si la Marina de EUA estaba preparada para la pelea. La batalla del mar del Coral casi había destruido al USS Yorktown, y el almirante más experimentado de la Marina, Bull Halsey, había sido hospitalizado por herpes zóster. El liderazgo militar en Washington estaba en contra de que la flota navegara para defender Midway, pero en última instancia, la decisión de encontrarse con los japoneses en Midway recaería en el comandante de la flota del Pacífico, el almirante Chester Nimitz.

El teniente McCoy tomó un acetato y lo colocó en el proyector. Apagó las luces, y en la pantalla apareció una foto del almirante Nimitz. Tenía una prominente cabellera blanca, ojos azul acero fijos en la distancia, y una delgada y seria sonrisa, todo ello enmarcado en su uniforme azul marino con las cinco franjas doradas de un almirante de flota. McCoy nos dijo con orgullo que Nimitz era de origen alemán, nacido y criado en Fredericksburg, Texas, no muy lejos de donde estábamos, en Austin. Estudió en la Escuela Naval de Estados Unidos y se graduó con honores.

McCoy hizo una pausa, dudando de si debía o no contar la siguiente parte de la historia de Nimitz. Continuó explicando que cuando era un joven oficial, el alférez Nimitz había estado al mando del Decatur cuando este encalló en Filipinas en 1908. Nimitz fue sometido a un consejo de guerra por incumplimiento del deber, pero solo recibió una carta de reprimenda debido a su extraordinario desempeño hasta ese momento. El carácter de Nimitz se vería moldeado por el incidente del encallamiento en Filipinas. Él sabía que el mando conlleva una gran responsabilidad, pero también la necesidad de ser decidido y aceptar la posibilidad de que uno no siempre acierte. Nimitz continuaría sirviendo en la flota de submarinos durante la Primera Guerra Mundial y luego ascendería de rango hasta convertirse en comandante de la flota del Pacífico en la Segunda Guerra Mundial.

En la primavera de 1942, la información de inteligencia que existía sobre las intenciones japonesas en Midway era todo, menos confiable. En las filas del almirante, muchos cuestionaban el beneficio estratégico de intentar salvar Midway. Y aún más oficiales temían que una derrota estadounidense en Midway significara una rápida victoria japonesa en el Pacífico. Las ramificaciones de una mala decisión resultarían desastrosas, pero las consecuencias de no tomarla podrían implicar un desastre existencial.

Nimitz revisó la información, consultó con su Estado Mayor y habló con sus comandantes, pero la decisión final era suya. Estuvo angustiado durante días.

¿Qué ocurriría si se equivocaba? Miles de marineros podrían morir, y otros miles morirían en los combates en Midway y las cadenas de islas que conducen a Japón. El destino de toda la Armada, y quizá de la nación entera, dependía de esa decisión.

Cuenta la leyenda que durante una conversación con el almirante Bull Halsey, Nimitz le confesó su aprensión. El peso de la decisión acerca de Midway lo abrumaba. Halsey, tan directo como siempre, le recordó al almirante la convicción personal de Nimitz.

—En alguna ocasión me dijiste —comenzó Halsey— que cuando uno está al mando, *manda*.

Fue la llamada de atención que Nimitz necesitaba. Comprendió que se espera que los comandantes tomen la decisión difícil. Que actúen con propósito. Que tengan confianza y dirijan desde el frente. Que acepten el desafío y se preparen para las aguas turbulentas que se avecinan. Un comandante debe mandar, dominar la situación, dirigir a las tropas. Así que domina tus miedos y toma el mando.

El 4 de junio de 1942, las Fuerzas Aéreas Navales despegaron del USS Yorktown, el USS Enterprise, y el USS Hornet y se enfrentaron a la flota japonesa frente a Midway. En los dos días siguientes, cuatro portaviones japoneses fueron hundidos y los estadounidenses perdieron el Enterprise. Pero la historia demostraría que la batalla de Midway fue la más decisiva de la guerra y la que cambió las circunstancias en el Pacífico.

El teniente McCoy terminó la lección sobre Midway. Encendió las luces y miró hacia la sala repleta de jóvenes guardiamarinas vestidos con uniformes navales blancos.

—Un día —aventuró— algunos de ustedes podrían tener la suerte de comandar. Quizá comanden un barco, un submarino o un escuadrón. Y llegado ese día, el mando será el momento más gratificante, pero también el más desafiante de su carrera profesional.

Miró por la ventana e hizo una breve pausa.

—Nunca olviden que cuando se es comandante, lo que se espera de ti es que dirijas. Si te eligen para el trabajo, tómalo con cierta humildad; pero también acepta el hecho de que eres bueno, pues de lo contrario no serías comandante.

Sonrió.

—¿Quién sabe? Quizá algún día uno de ustedes sea almirante y, al igual que Nimitz, tenga la oportunidad de dirigir a nuestros grandes marineros en tiempos de guerra.

Todos nos reímos. Todavía éramos adolescentes, padecíamos acné y nuestra única esperanza era aprobar nuestro primer semestre de la universidad, ser almirante era lo más alejado de nuestra mente.

Transcurridos 38 años, como almirante de cuatro estrellas y a la cabeza del Comando de Operaciones Especiales de Estados Unidos, entré a mi oficina en Tampa y encontré un escritorio nuevo esperándome. Estaba un poco confundido, ya que me parecía que el viejo escritorio estaba en perfectas condiciones. Cuando pregunté por el escritorio, mi asistente administrativa, la sargento mayor Dana Hughes, sonrió y explicó:

—Bueno, señor, pensamos que este podría ser más adecuado para usted.

Perplejo, volví a mirar el escritorio. Era más antiguo de lo que imaginé al principio: un gran escritorio de estilo ejecutivo con madera de vetas profundas y paneles laterales de cuero. Cuando me acerqué, descubrí una pequeña foto en un portarretratos apoyado en el borde. El hombre de la foto era inconfundible: se trataba del almirante Chester Nimitz y este era su escritorio. Los archivos de la Marina habían tenido la amabilidad de prestárselo a Socom para que yo lo utilizara. Este gesto me conmovió más allá de lo imaginable.

Durante los siguientes tres años me senté frente a ese escritorio, y cada vez que sentía que mis días eran difíciles, recordaba dónde estaba sentado. Pensaba en las vidas que habían estado en juego, las decisiones que afectaron a millones, la sensación de pérdida y la sensación de victoria que Nimitz debió de haber experimentado. Y en esos días en los que me sentía indeciso, cuando tomaba demasiados consejos de mis miedos, cuando la preocupación amenazaba con detener mis acciones, escuchaba en mi interior las palabras de Nimitz: «¡Cuando estés al mando, manda!».

Y con esas palabras como guía, siempre traté de hacer lo correcto para los hombres y mujeres que sirvieron conmigo.

Ser líder, sin importar si eres el CEO, el almirante, el general, el presidente o el director de una oficina de dos personas, es difícil. Como líder, siempre debe parecer que estás al mando, incluso en aquellos días en los que luchas contra las presiones del trabajo. Debes tener confianza. Debes ser decidido. Debes sonreír. Debes reír a carcajadas. Debes interactuar con tus empleados y estar agradecido por el trabajo que hacen. Debes tener la apariencia de la persona que está a cargo. Debes inculcar en tus hombres y mujeres un sentido de orgullo de que su líder puede resolver cualquier problema.

Como líder no puedes tener un mal día. Nunca debes mostrarte derrotado, sin importar las circunstancias. Si estás de mal humor, si agachas la cabeza, si sufres o si te quejas de los líderes que están por encima de ti o de quienes te siguen y están debajo de ti en la jerarquía, entonces perderás el respeto de tus hombres y mujeres, y la desesperanza se extenderá como pólvora.

Ser líder es una enorme responsabilidad. Hay días en los que resulta aterrador ser consciente de que el destino de la organización recae sobre tus hombros. Pero también debes darte cuenta de que fuiste elegido para ser el líder porque has demostrado tu valía a lo largo del camino. Has demostrado que conoces el campo. Has demostrado que puedes soportar las presiones y encontrar soluciones. Has exhibido todas las cualidades necesarias para ser líder. E, incluso, si nada de lo anterior es cierto, ahora que eres el líder, estás al mando. ¡Así que toma el maldito timón y dirige!

EL LIDERAZGO ES SIMPLE

1. Ten confianza. Te dieron el trabajo porque tienes talento y experiencia. Confía en tus instintos.
2. Sé decidido. No te dejes llevar por tus miedos. Sé reflexivo, pero sin que te paralice la indecisión.
3. Sé apasionado. Demuéstrales a tus empleados que te preocupas por ellos y por la misión.

CAPÍTULO CUATRO

Todos tenemos nuestro flotador de rana

La verdadera humildad no es un espíritu miserable,
ultrajado y autodespreciativo;
no es más que una estimación correcta
de nosotros mismos tal como Dios nos ve.

Tryon Edwards,
teólogo estadounidense

El barco se dirigía a toda velocidad hacia mí y su proa creaba una estela de espuma blanca y agua azul agitada. Podía ver al timonel en su pequeña cabina, su mirada se fijaba alternadamente en mí y en la pequeña balsa inflable asegurada a babor de la embarcación. En la balsa, otro hombre sostenía un grueso lazo de hule, tenía los brazos extendidos, listos para atraparme con la eslinga mientras el bote pasaba a toda velocidad.

Veinticinco yardas y acercándose.

El barco ya casi estaba encima de mí.

Podía escuchar al hombre en la balsa gritar:

—¡Patea, patea fuerte, ahora!

—Patea, patea, patea —me grité a mí mismo, mientras mis aletas empujaban con fuerza el agua de la bahía.

Diez yardas.

Cinco yardas.

—¡Ahora! ¡Ahora!

Podía ver al encargado de la eslinga esforzándose por alcanzarme desde la balsa. Pataleando tan fuerte como pude, metí un brazo en el gancho de la eslinga y el impulso del bote, junto con un fuerte jalón del encargado de la eslinga me lanzaron al interior de la balsa. Con rapidez saqué el brazo de la eslinga, rodé hacia un lado de la balsa y luego subí al barco. Justo detrás de mí, sacaron del agua a otro hombre rana y lo llevaron a la balsa. En cuestión de minutos, todo el pelotón había sido recuperado y estaba a bordo del barco.

Estas eran acciones reales de un hombre rana: búsqueda y rescate con embarcaciones pequeñas. Exactamente igual a como lo habían realizado nuestros ancestros hombres rana en Tarawa, Okinawa, Tinian y muchas otras islas del Pacífico. Y pensar que me estaban pagando por hacerlo.

Después de terminar la práctica, el bote patrulla arribó en el muelle de la Base Naval Anfibia, Coronado, y comenzamos a descargar nuestro equipo.

—¡Oiga, señor Mac! ¡Señor Mac! —escuché una voz familiar que provenía del muelle.

Era el suboficial Larry L. Jones, mi oficial superior en el taller de comunicaciones.

—Doble L, ¿qué sucede?

—Señor, el capitán quiere verlo —anunció, casi sin aliento.

—¿A mí?

—Sí, señor. A usted.

No imaginaba que el oficial al mando supiera quién era yo. Como nuevo alférez del Equipo 11 de Demolición Submarina (UDT-11, por sus siglas en inglés), trataba de mantener un perfil bajo. Había conocido al capitán, estreché su mano, lo vi en alguna llamada ocasional de los oficiales, pero en definitiva, no vi ninguna razón para que me señalara por algo.

Pero pensé que les había dejado una buena impresión a los demás oficiales y a los soldados de mayor rango. Me tomaba muy en serio mi entrenamiento. Trabajaba duro. Me esforzaba al máximo en el entrenamiento físico. Me quedaba hasta tarde. Escuchaba a los veteranos experimentados de Vietnam.

«Sí, tal vez me habían elegido para algo especial», me dije.

Se había corrido el rumor de que estaban planeando una misión en el mundo real. ¡Quizá era esto! Tal vez era una misión para capturar a algún terrorista de los Balcanes. Podría tratarse de un ataque furtivo de un nadador a Vladivostok o una misión al otro lado de la playa hacia Corea del Norte para desmantelar un almacén de misiles.

—Está bien, Doble L. Necesito regresar con el equipo y ponerme mis pantalones caqui.

—No hay tiempo, señor. El capitán dijo que tenía que reunirse con el comodoro lo antes posible y que quería hablar con usted de inmediato.

¿El comodoro? El hombre a cargo de todos los SEAL y ranas de la Costa Oeste. El gran Kahuna. ¡Esto sí que debe de ser importante!

Abordamos la camioneta de Jones y atravesamos a toda velocidad la base naval, cruzamos la autopista 1 y nos dirigimos hacia el complejo UDT-11.

Me quité el traje corto de neopreno, me acomodé el cabello hacia atrás con la mano, metí mi playera azul y oro en mis shorts caqui de traje de baño y caminé hacia el edificio de la sede.

El ayudante del capitán se levantó cuando entré.

—¿Es usted el alférez McRaven?

—Sí, soy yo.

—Tome asiento. Le haré saber al comandante que está aquí.

Me senté en el sillón café de piel sintética y miré los cuadros de la pared. Había fotografías de hombres rana limpiando las playas de las islas del Pacífico para los desembarcos anfibios durante la Segunda Guerra Mundial; de guerreros palmípedos, vestidos con gruesos trajes secos de hule, que escalaban las rocas en una playa coreana; hombres con máscaras de buceo en la cabeza y aletas en los pies, que daban la bienvenida a la tripulación del Apolo 11 después del primer alunizaje; y los SEAL, con bandoleras de municiones colgadas sobre el pecho, que vadeaban el lodo que les llegaba al pecho en el delta del Mekong. Yo formaba parte de una fuerza de élite, ¡y vaya que se sentía bien!

El suboficial regresó.

—Señor, el capitán lo recibirá ahora.

Me alacié el cabello mojado una vez más y caminé hacia la oficina. Sentado en su escritorio estaba el comandante Bill Salisbury, el capitán del UDT-11, un SEAL altamente condecorado de la era de Vietnam. Me había dado la bienvenida al equipo unas semanas antes con una cálida sonrisa y un fuerte apretón de manos. Me caía bien, a pesar de que no habíamos pasado mucho tiempo juntos.

Me puse firme y anuncié:

—Señor, el alférez McRaven se presenta según lo solicitado.

Salisbury sonrió. Tal vez había sido demasiado mi entusiasmo de oficial júnior.

—Relájese, señor McRaven.

—Sí, señor —dije, adoptando la posición de descanso.

—El oficial ejecutivo me dice que usted trabaja muy duro y con absoluta dedicación.

—Gracias, señor.

—Está dando una buena impresión en la sala de oficiales y con el jefe.

Asentí y me llené de orgullo.

—El comodoro me llamó hoy y me preguntó por mi mejor alférez.

Me enorgullecí aún más, si es que eso era posible.

—Tiene una tarea que desea que usted realice. Y si es importante para el comodoro, entonces es importante.

—¡Sí, señor! —dije demasiado alto.

«Aquí viene», pensé. «Una misión. Para esto hice el entrenamiento SEAL. Tal vez algún día me encuentre en una de esas fotografías a la vista de todos».

Salisbury hizo una pausa para causar expectación.

—Cada año, la ciudad de Coronado realiza un desfile del 4 de julio. Hace mucho tiempo que no participamos —afirmó.

«Estoy confundido. Debe ser algo que no entendí bien», pensé

—Entonces, este año el comodoro quiere que participemos con un carro alegórico de las ranas, y necesito que usted se encargue de construirlo —sonrió.

—¿Un carro alegórico de las ranas? —pregunté.

—Sí. Ya sabe, un gran Freddie the Frog verde, que fume un cigarro y lleve consigo un cartucho de dinamita. ¡A la gente de Coronado le fascinará!

—Sí, señor —respondí con mucho menos entusiasmo.

—Bueno, consulte con el oficial de suministros. Él puede conseguirle todo el material necesario para la carroza. Eso es todo, señor McRaven. Muchas gracias.

Todavía de pie, y un poco aturdido, Salisbury reanudó la lectura de sus mensajes diarios.

Con lentitud, me di la vuelta y salí de la oficina. Al pasar junto a las imágenes colgadas en la pared, por un momento dudé de que mi carro alegórico de las ranas tuviera éxito.

Frustrado, me dirigí al vestidor para cambiarme de ropa y volver al trabajo. Sentado en el banco, mientras murmuraba blasfemias en voz baja, escuché una voz profunda y ronca proveniente del casillero que estaba a mi espalda.

—¿Qué pasa, alférez?

Me di la vuelta y vi al jefe maestro Hershel Davis, el soldado de mayor rango de nuestro equipo hermano, UDT-12. Davis era la personificación de un hombre rana: alto, delgado, bronceado, con rostro rubicundo, ojos gris acero y un enorme bigote de manillar.

Había presenciado más combates que cualquier hombre que yo conociera.

—Nada importante, jefe maestro.

—Ajá —musitó en tono paternal mientras tomaba asiento a mi lado.

Me sentí como si estuviera en el confesionario. Le confesé:

—Skipper acaba de llamarme a su oficina y me dijo que quiere que me encargue de la construcción… —hice una pausa—. La construcción del carro alegórico de las ranas para el desfile del 4 de julio.

—Mmm —gruñó el jefe maestro—. Y asumo que preferiría estar saltando de un avión, bloqueando submarinos o emprendiendo una misión para salvar el mundo.

—¡Exactamente! —De nuevo, un volumen demasiado alto.

—Déjeme decirle algo, alférez. Llevo casi treinta años en este club de canoas. Tarde o temprano, todos tendremos que hacer actividades que no deseamos. Pero si va a hacerlo, entonces hágalo bien. ¡Construya el mejor carro alegórico de ranas del que sea capaz!

Y ahí estaba. «¡Construya el mejor carro alegórico de ranas del que sea capaz!».

A lo largo de mi carrera, me pidieron que construyera muchos «carros alegóricos de ranas». Me pidieron que realizara aquellas tareas menores que nadie más quería, aquellas que parecían estar por debajo de la «dignidad de mi rango». Pero cada una de esas veces recordé las palabras del jefe maestro y me esforcé en hacer lo mejor que podía y por estar orgulloso de cualquier trabajo que me asignaran. En mi trayectoria descubrí que si uno se enorgullece de los trabajos pequeños, la gente piensa que uno es digno de los más importantes.

El 4 de julio de 1978, el UDT Frog Float ganó el primer lugar en su categoría, y la imagen de mi «primera misión» quedó colgada con orgullo en el complejo UDT-11 durante años.

EL LIDERAZGO ES SIMPLE

1. Sé humilde en tu comportamiento y tus expectativas.
2. Acepta el hecho de que se te pedirá que realices trabajos que están por debajo de tu estatus. Hazlos lo mejor que puedas.
3. Mide la fortaleza de tus empleados por su disposición para realizar las pequeñas tareas y ejecutarlas de la mejor manera.

CAPÍTULO CINCO

El único día fácil fue ayer

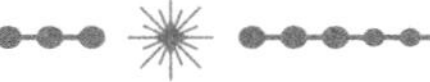

No basta con creer en algo;
debes tener la resistencia para
enfrentar los obstáculos y superarlos.

Golda Meir

El sonido de la campana resonó en la plancha de concreto para el entrenamiento físico, el Triturador. Uno, dos, tres repiques mientras el profundo tono de latón rebotaba en los edificios y se anidaba en la conciencia colectiva de los aprendices de SEAL que realizaban la calistenia matutina. Por el rabillo del ojo vi cómo el suboficial Halliday se despojaba del casco y lo colocaba en la base de la campana. El instructor SEAL, vestido con una playera azul y oro, unos shorts caqui de traje de baño y botas verdes para la selva, dijo algo ininteligible. Lo único que alcancé a ver fue a Halliday gritando a todo pulmón:

—¡Hurra, instructor Faketty!

Faketty dijo algo más, y Halliday se dio la vuelta y retornó al cuartel. Nunca volvimos a verlo. Con tres repiques de campana, acababa de abandonar el entrenamiento SEAL.

Quince días antes habíamos completado la semana del infierno. Presumiblemente, sera la semana más dura en cualquier entrenamiento militar: consistía en seis días sin dormir, padecíamos frío y acoso constante por parte de los instructores, quienes nos mojaban y nos hacían sentir miserables. Al igual que nosotros, Halliday había experimentado la euforia de haber completado la agotadora prueba. Sabía que en la historia del entrenamiento SEAL, la mayoría de los estudiantes desertaba durante esa semana. Pero él lo había logrado y, en su opinión, el resto del entrenamiento sería mucho más fácil. Podía vislumbrar la graduación en el horizonte. Podía imaginarse el tridente SEAL colocado sobre su pecho. Soñaba con unirse a un equipo de profesionales de élite y vivir la aventura de su vida. Podía saborear la victoria. Lo sé porque en su euforia me había confiado su visión del futuro.

Pero Halliday falló en no recordar las palabras que estaban grabadas en un gran cartel de madera colgado en la pared detrás del puesto de entrenamiento físico del instructor. El cartel decía: «El único día fácil fue ayer». Este se había convertido en el mantra de los SEAL desde que lo estamparon por primera vez en la parte posterior de las playeras que utilizaba la generación de entrenamiento SEAL 89. «El único día fácil fue ayer». Las palabras se explican por sí solas, pero el significado es mucho más profundo. Eran una advertencia para todos los aprendices de SEAL. Decían: «Si crees que la parte difícil ya pasó, estás equivocado». Mañana será tan difícil como hoy, o aún más. Pero las palabras también tenían un gran peso fuera del entrenamiento. Para mí, eran una llamada de atención, un recordatorio de que cada día requería todo mi esfuerzo. Me recordaban que ningún día sería fácil y que como líder debía estar preparado para darlo todo cada día.

En 1986, el Congreso aprobó la Ley Goldwater-Nichols, la cual reorganizó al Departamento de Defensa y trajo consigo la Enmienda Nunn-Cohen, en la que se establecía la creación del Comando de Operaciones Especiales de Estados Unidos (USSOCOM, por sus siglas en inglés). Estos dos mandatos del Congreso cambiaron para siempre al Ejército, y en particular a las operaciones especiales. Uno de los oficiales que encabezó la iniciativa para la creación del USSOCOM fue el capitán de la Armada Irve Charles *Chuck* LeMoyne. Él era un SEAL de la era de Vietnam que había llegado a la cima de las filas e impulsó el proyecto de ley en el Congreso para luego implementarlo en la Marina. LeMoyne tenía una reputación dividida entre los equipos. No encajaba en el perfil SEAL de la era de Vietnam. En lugar de ser ruidoso y de conversación áspera, LeMoyne era muy correcto, de voz suave y discretamente decidido.

Después del establecimiento del USSOCOM, LeMoyne fue nombrado almirante y fue el primero a la cabeza del Comando de Tácticas Especiales de Guerra Naval. Fue el primer SEAL en ocupar un puesto de almirante dentro de la comunidad SEAL. Estoy seguro de que esperaba que sus días más difíciles hubieran quedado atrás, pero, en lugar de conformarse con la estrella de su almirantía, LeMoyne reorganizó por completo a los SEAL y a las unidades de barcos especiales, y preparó a la comunidad para el éxito a largo plazo. Fue una tarea monumental que le generó constantes críticas dentro y fuera de la comunidad SEAL. Sin embargo, en todo el tiempo que estuve con el almirante Chuck LeMoyne, nunca lo vi frustrado, nervioso o abatido. Sin importar los desafíos que enfrentara, siempre era el hombre a cargo. Entendía que todas las miradas estaban puestas en él y que, independientemente de las circunstancias, tenía la responsabilidad de poner buena cara.

Después de que lo ascendieran a almirante de dos estrellas, a Chuck LeMoyne le diagnosticaron cáncer de garganta, posiblemente como consecuencia de su exposición al «agente naranja» en Vietnam. Pero en lugar de retirarse o dejar de ayudar a los SEAL, duplicó su esfuerzo. Aun cuando le extirparon las cuerdas vocales y le dieran un dispositivo electrónico que le ayudara con el habla, continuó hablando en público. Como SEAL de alto rango en servicio activo, LeMoyne era *Bullfrog* en ese momento, y recuerdo que cada discurso comenzaba con una línea humorística sobre su «voz croante» mejorada de modo digital. En cierta ocasión le pregunté cómo podía seguir adelante a pesar del cáncer; él sonrió, se colocó el aparato para hablar en el cuello y señaló:

—El único día fácil…

No tuvo que terminar la línea.

Lamentablemente, en 1997, Chuck LeMoyne falleció a la edad de 57 años. Nunca fue consciente del impacto que tuvo en los Navy SEAL y en las unidades de embarcaciones especiales de hoy y en aquellos oficiales jóvenes que, como yo, lo vieron liderar con gracia, humildad, humor y valentía.

Años más tarde, en 2002, cuando servía en la Casa Blanca de Bush, el comandante de los SEAL de la Costa Este me invitó a una conferencia. Como era usual en una reunión SEAL, comenzamos cada día con una hora de calistenia seguida de una carrera larga. Mi cuerpo aún no había sanado después de haber sobrevivido a un grave accidente en paracaídas en 2001, por lo que tratar de hacer algún entrenamiento físico era, en el mejor de los casos, un desafío. Pero pensé en Chuck LeMoyne y supe que no renunciaría por una incomodidad por más mínima que fuera, así que me armé de valor y me uní al grupo para el entrenamiento físico de la mañana. Comenzamos con la serie habitual de lagartijas, sentadillas, combinaciones en repeticiones de ocho y aleteo de piernas. Con trabajos podía realizar los ejercicios, pero traté de resistir. Al terminar la calistenia, comenzamos una carrera de 15 km.

Todos mis compañeros SEAL comenzaron corriendo en *esprint*. Solo pude mantener el ritmo durante los primeros 100 m y luego comencé a quedarme atrás. A los pocos minutos ya ni siquiera podía ver al grupo. El recorrido consistía en dar cinco vueltas alrededor de un tramo de 3 km en un parque estatal. Conforme pasaban los minutos y yo avanzaba de forma pesada, noté al primer corredor, un joven teniente SEAL, que ya había dado una vuelta y me había alcanzado. Redujo la velocidad por unos momentos, se detuvo a mi lado y, consciente de mi accidente en paracaídas, me dirigió una mirada penetrante y confusa.

—Señor, ¿qué diablos está haciendo? —preguntó.

—¿Qué quiere decir con eso? —respondí.

Sacudió la cabeza y dijo:

—Señor, ¿por qué está aquí? No tiene que demostrar nada.

Antes de poder responderle, apretó el paso y se perdió en la distancia.

Yo era capitán de los Navy SEAL en ese momento. Ya había concluido mi Comando Mayor, un paso importante en la carrera de un oficial, y no tenía nada más que demostrar ante este joven teniente. Pero lo que yo quería decirle, lo que quería gritarle a todo pulmón… *era lo equivocado que estaba.*

El día en que crees que ya no tienes algo que demostrar, el día en que crees que ya no debes darlo todo, el día en que crees que tienes derecho a un trato especial, el día en que crees que todos tus días difíciles quedaron atrás, es el día en que *ya no* eres el líder adecuado para el trabajo.

El liderazgo requiere energía, resistencia y resiliencia. Requiere todo lo que tienes y un poco más. Los hombres y mujeres que trabajan para ti se alimentarán de tu energía. Si no pareces estar preparado para lidiar con los desafíos del día, ellos lo verán. Si te sientes abatido porque hoy fue más difícil que ayer, ellos lo sentirán. Si no estás preparado para darlo todo, ellos lo sabrán. Y si crees que solo se trata de líderes en combate, estás equivocado; se trata de cada gran líder a quien se le asignó una tarea difícil y se le pidió que inspirara, motivara y dirigiera a las personas a su cargo.

Pero eso no significa que cada día deba ser agotador. Ser un gran líder no significa que debas tener una fuerza sobrehumana, sino que debes reconocer que se requerirá esfuerzo todos los días. Y algunos días simplemente no podrás darlo todo. Está bien, eso es normal. Pero dalo al día siguiente, o al que sigue. Solo fracasarás como líder cuando pienses que hoy va a ser más fácil que ayer.

EL LIDERAZGO ES SIMPLE

1. Debes aportar energía y entusiasmo cada día.
2. No tienes derecho a nada más que a trabajar más duro. Las tropas están trabajando duro y cobran menos.
3. Considera cada día como si fuera fundamental para el éxito de la organización.

CAPÍTULO SEIS

Corre al sonido de las armas

Las grandes corporaciones de este país
no fueron fundadas por gente común.
Fueron fundadas por personas
con extraordinaria inteligencia, ambición
y agresividad.

Daniel Patrick Moynihan

París es hermoso en otoño. Los árboles de los Campos Elíseos empiezan a cambiar de color. La mañana es fresca, y el aroma del café fuerte y de los panes franceses calientes flota en el aire. Por la noche la Torre Eiffel se ilumina, y debajo de sus grandes vigas de acero una multitud de jóvenes y personas mayores se acurruca en busca de calidez y compañía. Hay algo mágico en París, en especial cuando piensas en él desde Afganistán.

Llevaba meses soñando con París. Tendría unos días de licencia de las operaciones en Afganistán, el tiempo suficiente para volar a Francia y regresar. Mi esposa, Georgeann, y mi hija, Kelly, tenían previsto reunirse conmigo allí y, después de seis meses sin su compañía, añoraba verlas. Entonces, alguien llamó a mi puerta.

—Adelante —grité desde la habitación de madera contrachapada.

La puerta de mi cabaña se abrió y el coronel a cargo de las operaciones de combate de la noche entró.

—Señor, lamento molestarlo, pero tuvimos un incidente con víctimas civiles y la situación no luce nada bien.

—Tome una silla —respondí.

El coronel puso un mapa y algunas fotografías aéreas sobre la pequeña mesa de mi habitación. Durante los siguientes minutos, describió las acciones sobre los objetivos, las cuales habían provocado las víctimas civiles. Tenía razón, no se veía nada bien. La pérdida de civiles siempre es dura: personas inocentes atrapadas en el fuego cruzado, o confundidas con talibanes o Al Qaeda. Intentas convencerte de que es la naturaleza de la guerra, pero eso nunca lo hace más fácil. Son personas reales que sufrieron pérdidas reales. Nada alivia del todo el dolor, ni el de ellos ni el tuyo.

—Señor, el general ya fue informado y no hace falta decir que no está contento. Le dije a su personal que usted saldría mañana y me solicitó hablar con usted esta noche, antes de que se fuera con licencia.

—Está bien. Encárguese de la llamada. Estaré en el centro de operaciones conjuntas en un momento.

Cuando el coronel se fue, yo ya sabía lo que debía hacer. Tomé el teléfono y, a través del satélite militar, hice una llamada a nuestra casa en Fort Bragg, Carolina del Norte. Georgeann contestó en cuanto sonó el teléfono al otro lado de la línea. Antes de que yo pudiera decir algo, ella preguntó:

—¿Está todo bien? ¡Estamos ansiosas por verte en París!

Hice una pausa. Ella lo supo antes de que yo pudiera pronunciar palabra alguna.

—No irás a París, ¿verdad?

Respiré profundamente y le expliqué la situación. Era simple: no había manera de que pudiera irme en ese momento. Con la trágica baja de civiles, cuando la reputación de la organización estaba en riesgo, cuando los de arriba y los de abajo esperaban liderazgo, cuando mi presencia era necesaria para enfrentar la crisis, no había manera de que pudiera volar a París. Yo lo sabía y, después de 35 años de matrimonio, ella también lo sabía. Ya habíamos estado aquí antes. Era una lección que había aprendido de muchas en mi carrera. Cuando las cosas van mal es el momento de que un líder sea agresivo, que vaya hacia donde está el problema y enfrente la crisis.

La temperatura a principios de julio de 1863 era sofocante. Tras días de marchas forzadas hacia un pequeño pueblo de Pensilvania llamado Gettysburg, los soldados del 20° Regimiento de Infantería de Maine estaban agotados. La información de inteligencia indicaba que el general Robert E. Lee estaba trasladando su ejército desde Virginia a través del Potomac hacia Pensilvania, para aislar a las fuerzas de la Unión de su capital en Washington D. C.

Un pequeño contingente de la Unión había llegado días antes y se había instalado en McPherson's Ridge, un terreno estratégico al oeste de Gettysburg. Cuando llegaron los primeros confederados, se sorprendieron al descubrir que las tropas de la Unión ya habían tomado posición. Durante los dos días siguientes, tanto el ejército de la Unión, ahora bajo el mando del general George Meade, como el ejército confederado, reforzaron sus posiciones alrededor de

Gettysburg, con las fuerzas de la Unión desplegadas a lo largo del terreno elevado conocido como Cemetery Ridge.

El Cemetery Ridge se extendía, al norte, desde Culp's Hill, y bajaba por la cresta hacia Big y Little Round Tops, al sur. Little Round Top era el flanco izquierdo extremo de las filas de la Unión y el más vulnerable a los ataques de los rebeldes. Si los confederados tomaban Little Round Top, podrían atravesar las filas de la Unión y derrotar al ejército de Meade.

El 2 de julio de 1863, la batalla ya había comenzado y los múltiples intentos de las fuerzas rebeldes por romper las filas en Cemetery Ridge habían sido repelidos. En un momento dado, con la intención de reforzar una posición debilitada de la Unión más al norte, el general John Geary alejó una parte sustancial de sus hombres de Little Round Top, con lo que dejó el flanco izquierdo expuesto de forma crítica. Cuando Meade se percató del error, envió de inmediato una brigada de la 1ª División para reforzar las debilitadas defensas.

Sin embargo, Lee vio la oportunidad y, antes de que la brigada de la Unión pudiera tomar sus posiciones a lo largo de la cresta, ordenó un ataque. Para la defensa de Little Round Top había hombres del 2° Regimiento de francotiradores de Estados Unidos, así como soldados del 16° Regimiento de Míchigan, el 44° Regimiento de Nueva York y el 83° Regimiento de Pensilvania, y en el extremo del flanco izquierdo había 386 soldados de infantería del 20° Regimiento de Maine bajo el mando del coronel Joshua Chamberlain.

Chamberlain no era un soldado por excelencia. Justo antes de la guerra, había sido profesor de Lengua Moderna en el Bowdoin College. Individuo muy sofisticado, culto y algo sedentario; estudiaba historia militar y, cuando estalló la guerra, se ofreció como voluntario. Se le asignó el mando del 20° Regimiento de Maine, que no era considerado una de las principales unidades del Ejército. De hecho, la mayor parte de la unidad estaba conformada por soldados reacios, amotinados y reclutas de dos años. Durante los meses siguientes, Chamberlain hizo todo lo posible para que el 20° Regimiento de Maine estuviera en condiciones de luchar.

El 2 de julio, una fuerza numéricamente superior de la división del mayor general John B. Hood comenzó a atacar a las tropas de Maine. Hood le había ordenado a sus soldados encontrar la Unión izquierda, darle la vuelta y tomar Little Round Top.

Mientras tanto, la batalla avanzaba y los soldados confederados parecían dispuestos a derrotar al 20° Regimiento de Maine, que era más pequeño. Chamberlain, desde una posición más alta en la cresta, tomó su fusil y avanzó hacia la línea del regimiento. Previamente herido por un proyectil de cañón, Chamberlain cojeó hacia sus hombres, se alineó con la bandera del regimiento y gritó:

—¡Bayoneta! ¡Avancen a la derecha!

Con una maniobra de rueda derecha, los soldados del 20° Regimiento de Maine fijaron sus bayonetas y arremetieron colina abajo hacia la fuerza rebelde que se aproximaba. El nivel de ferocidad y valentía mostrado por el 20° Regimiento de Maine fue tan sorprendente que obligó la retirada de los confederados, y con ello salvaron Little Round Top y el flanco izquierdo de las fuerzas de la Unión.

La historia registraría más tarde que el liderazgo mostrado por Chamberlain ese día y la valentía de los reclutas del 20° Regimiento de Maine salvaron a las fuerzas de la Unión en Gettysburg. Y si Meade hubiera sido derrotado en Gettysburg, es posible que el Sur hubiera ganado la Guerra Civil. Imagina lo diferente que sería el mundo de hoy si Chamberlain no se hubiera «echado a correr al sonido de las armas».

Por desgracia, no todos los líderes entienden este concepto de actuar de forma inmediata para abordar el problema, aceptar la responsabilidad y convertirse en el rostro de la solución. En abril de 2010, cuando la plataforma petrolera Deepwater Horizon explotó en el golfo de México, mató a 11 hombres y provocó uno de los mayores derrames de petróleo en la historia de la industria, la empresa matriz tardó en reaccionar. En un principio, el CEO permaneció en Londres en vez de viajar a la costa del golfo de Estados Unidos, donde se produjo el daño. Peor aún, a pesar de que el incidente provocó daños por miles de millones de dólares y trastornó la vida de millones de personas, el CEO minimizó la magnitud del incidente, pues afirmó que el derrame era «pequeño» en comparación con un «océano muy grande». En lugar de aceptar la responsabilidad y enfrentar el problema, comenzó a exasperarse cuando el desastre continuó monopolizando los titulares y, lo más importante para él, comenzó a tener un impacto en *su* vida. En cierta ocasión, le dijo a un periodista:

—¿Sabes qué?, me gustaría recuperar mi vida.

No hace falta decir que, a la luz de todas las otras vidas que la explosión arruinó, su insensible respuesta no fue bien recibida. Poco después dejó el cargo de CEO.

Pero ¿por qué hay renuencia a ser el rostro de la solución? Porque si vas a serlo, probablemente significa que tuviste alguna relación con el problema. Los buenos líderes entienden que las organizaciones enfrentarán desafíos. Por eso te contrataron para dirigir. Acepta el desafío. Acepta el hecho de que debes atacar cada problema con vigor y que, a veces, solo tú, el líder, puedes resolver la crisis institucional más desconcertante. Nunca rehuyas. Nunca retrocedas ante un problema difícil.

Mi jefe en Afganistán no estaba nada contento con las bajas civiles, ni debía estarlo. Por fortuna, era un gran soldado y comprendía los desafíos del combate. A mi organización le llevó mucho tiempo recuperar la confianza de mis superiores y, más importante aún, la confianza de los civiles locales y de nuestros colegas afganos. Pero el primer paso fue aceptar la responsabilidad de la tragedia y luego abordar el problema de forma agresiva. Correr al sonido de los disparos siempre es arriesgado, tanto a nivel personal como profesional, pero esconderse del problema solo lo empeorará. A veces lo único que debemos hacer es «arreglar las bayonetas» y arrojarse hacia la brecha.

EL LIDERAZGO ES SIMPLE

1. Sé agresivo. Cuando veas un problema, haz algo al respecto. Eso es lo que se espera de un líder.
2. Dirígete a un lugar en el que puedas evaluar mejor la naturaleza del problema y brindar orientación y recursos para resolverlo lo más rápido posible.
3. Comunica tu intención en cada paso del camino.

CAPÍTULO SIETE

Sua sponte

Iniciativa es hacer lo correcto
sin que nadie nos lo diga.

VICTOR HUGO

La colina 205 parecía un lugar poco probable para el nacimiento de una leyenda del ejército. Tras el desembarco de MacArthur en Inchon el 15 de septiembre de 1950, las fuerzas estadounidenses comenzaron a derrotar al Ejército norcoreano, empujándolo muy por encima del paralelo 38, casi hasta el río Yalu, en la frontera con China. Con el éxito de las tropas estadounidenses y el colapso de las norcoreanas, algunos expertos creían que la guerra terminaría pronto.

Mientras la 25ª División de Infantería aventajaba la batalla en el río Kuryong al norte, la victoria parecía inminente. Sin embargo, para sorpresa de MacArthur y del Ejército estadounidense, la intervención china lo cambiaría todo. El 25 de noviembre de 1950 se le ordenó a un pequeño contingente de rangers que tomara y mantuviera un terreno vital justo al sur del río. Sin que ellos lo supieran, el 39° Ejército chino había reunido una defensa enorme en la colina.

Los rangers, liderados por el primer teniente Ralph Puckett, comenzaron a avanzar a campo abierto hacia el terreno elevado de la colina 205. Mientras los rangers ascendían, los chinos abrieron fuego con morteros, ametralladoras y armas pequeñas. Con sus hombres completamente expuestos, Puckett llamó a la artillería estadounidense para suprimir los proyectiles de mortero entrantes, pero los tiradores chinos estaban camuflados dentro de fosos de armas y eran difíciles de localizar. El primer teniente debía encontrar la manera de localizar a los artilleros chinos antes de que los rangers pudieran abrir fuego con precisión.

Puckett, que se había colocado al frente de los rangers en la maniobra, sabía que solo había una cosa que podía hacer. Con total desconsideración por su propia vida, se levantó de su trinchera y salió corriendo al campo abierto, con lo que obligó a los ametralladores chinos a apuntarle. Cuando estos comenzaron a disparar contra el joven teniente mientras corría, los rangers identificaron sus posiciones y los atacaron.

Puckett regresaba a su trinchera solo para recuperar el aliento, y luego saltaba y corría hacia el exterior una y otra vez. Con cada carrera de Puckett hacia el terreno expuesto, los rangers lograron aislar y neutralizar a más ametralladores enemigos.

Una vez suprimido el fuego de armas pequeñas, los rangers procedieron a tomar la colina 205. La historia mostraría que, durante los dos días siguientes, bajo el mando de Ralph Puckett, los rangers lucharían con valentía contra las oleadas de asaltos chinos, las cuales cobraron la vida de diez rangers y dejaron 31 heridos, incluido Puckett. Por las acciones que condujeron a la captura de la colina 205, Ralph Puckett recibió la Medalla de Honor. El joven teniente continuó su servicio en Vietnam, donde recibió el segundo honor más alto de Estados Unidos, la Cruz de Servicio Distinguido, además de dos Estrellas de Plata.

Años más tarde, al recordar el heroísmo del teniente Puckett en campo abierto, uno de sus soldados dijo:

—¡Era necesario hacerlo, y alguien tenía que hacerlo!

Los rangers tienen un dicho en latín: *sua sponte*, que significa «Por tu propia voluntad». En otras palabras, «hacer lo que hay que hacer, sin que te lo digan». Con frecuencia existe la creencia equivocada de que los soldados solo siguen órdenes, pero la fuerza del Ejército estadounidense radica en que los grandes soldados, los verdaderos y grandes líderes, hacen lo correcto sin que se les tenga que decir. Hacen lo correcto para proteger a sus hombres y mujeres. Hacen lo correcto para preservar la reputación de su unidad. Hacen lo correcto para honrar a su país. Hacen lo que hay que hacer, ya sea que se les ordene o no. Este sentido de iniciativa distingue a los grandes líderes de los mediocres. Nadie le ordenó a Ralph Puckett que corriera con imprudente abandono hacia el campo abierto, pero *alguien tuvo que hacerlo*.

Fui testigo de ese nivel de iniciativa en repetidas ocasiones durante las guerras en Irak y Afganistán. El Ejército, la Armada, la Fuerza Aérea y la Infantería de Marina entendían que la naturaleza de la batalla requería que los generales y los almirantes les permitieran a los oficiales subalternos y reclutas tomar decisiones difíciles en combate. Debíamos delegar responsabilidades porque simplemente no había el suficiente número de oficiales superiores para supervisar todas las operaciones tácticas. Teníamos que confiar en que las bases hicieran lo correcto.

Siempre es difícil para los líderes superiores confiarles las decisiones importantes a sus subordinados, las cuales, de modo invariable, influyen en la reputación de la unidad y la del líder superior. Pero si no se crea una cultura que les permita a las bases actuar por sí mismas, se verán sumidas en una indecisión que detendrá cualquier impulso para actuar.

Sin embargo, el liderazgo no siempre es definido por el hombre o la mujer que está en la cima de la cadena de mando, y no siempre es necesario estar al mando para liderar.

Era un día típico en Honolulu: el cielo estaba despejado, una cálida brisa tropical acariciaba con suavidad las palmeras y el agua de la isla Ford era de un azul majestuoso. Como capitán de la Armada y comodoro del Grupo Uno de Guerra Naval Especial, llegué a la isla Ford, Hawái, en 1998, para dedicar un edificio en honor a mi amigo cercano, el teniente comandante Moki Martin. Él nació y creció en Hawái y tuvo una destacada trayectoria como Navy SEAL. Moki, veterano de Vietnam, era el hombre rana por excelencia. Durante su carrera, fue un guerrero de combate condecorado en gran medida, un experto en todas las armas del arsenal, un paracaidista y buceador increíble, y un atleta excepcional. Por desgracia, en 1983 se vio involucrado en un accidente en bicicleta que lo dejó paralítico del pecho para abajo. Había pasado los últimos 15 años en silla de ruedas.

El gran hangar interior donde se llevaba a cabo la ceremonia estaba decorado con banderines rojos, blancos y azules; las banderas de barras y estrellas, y las del estado de Hawái estaban colocadas detrás del podio. En el evento se reunieron más de doscientos asistentes, entre visitantes y SEAL. Filas y filas de sillas estaban dispuestas frente al podio, y los SEAL y los marineros estaban todos en formación apretada en la parte trasera del hangar.

Después de la pompa y ceremonia habituales, me acerqué al podio para dar mi discurso. Cuando concluí, Moki se acercó al micrófono que estaba colocado a cierta altura para que pudiera hablar sentado en su silla de ruedas. Cuando comenzó, fue evidente que los organizadores no habían colocado el micrófono de forma correcta. Ni siquiera la primera fila podía escuchar los comentarios de Moki. De inmediato me di cuenta de que debía levantarme de mi silla, cruzar frente a los otros dignatarios y, con torpeza, colocar el micrófono en su lugar. Moki apenas empezaba a agradecerle a la gente, pero si yo no actuaba pronto, la audiencia se perdería de sus comentarios inspiradores.

Cuando comencé a levantarme de mi silla, un joven SEAL vestido con su uniforme blanco rompió filas y pasó junto a los doscientos asistentes, directo hacia el micrófono. Se puso firme, saludó al teniente comandante Martin, ajustó el micrófono, volvió a saludar, dio media vuelta y regresó a la formación. No nos perdimos ni un solo momento de la charla de Moki.

Una vez terminada la charla, me acerqué al joven SEAL y le agradecí su pronta acción. Él me respondió:

—Señor, había que hacer algo y nadie más lo estaba haciendo. Entonces, pensé que dependía de mí.

Quizá es esa la mejor respuesta al liderazgo real que jamás haya escuchado.

«Nadie más lo hacía, así que dependía de mí».

Esa es la esencia de *sua sponte*.

El verdadero liderazgo no *siempre* se trata de ser el responsable durante una crisis existencial. No tienes que ser Ralph Puckett, corriendo en campo abierto mientras el enemigo intenta dispararte. A veces, el verdadero liderazgo solo consiste en hacer lo correcto cuando nadie más lo hace. Cuando tomas acciones por tu propia cuenta, marcas la pauta para la organización. Les comunicas a los demás que se espera iniciativa en la empresa y que, con suerte, esta será recompensada. Esto les da a los empleados una sensación de empoderamiento, les da un sentido de pertenencia. Cometerán errores y estos tendrán repercusiones, pero… te garantizo que los errores de acción tienen mucho menos consecuencias que los de inacción.

EL LIDERAZGO ES SIMPLE

1. Fomenta una cultura de acción, permite que las bases tomen la iniciativa y solucionen los problemas que deben abordarse.
2. Acepta el hecho de que esto te llevará al fervor y a uno que otro error. Este exceso de entusiasmo es mejor que una cultura de inacción.
3. Elogia a quienes intentan resolver los problemas por sí solos, incluso si los resultados no son los esperados.

CAPÍTULO OCHO

Quien se atreve gana

Es mejor pecar de audaz que de cauteloso.

Alvin Toffler,
escritor estadounidense y futurista

Vi mi reloj. Faltaban treinta minutos para el lanzamiento. La lata de color anaranjado brillante de la bebida energética Rip It que había sobre mi escritorio estaba casi vacía. Bebí un último sorbo, me levanté y me dirigí hacia el Centro de Operaciones Tácticas (TOC, por sus siglas en inglés). Era una pequeña sala sin ventanas atiborrada de grandes pantallas planas que proyectaban información sobre la misión de aquella noche. Veinte personas estaban sentadas en sus escritorios, tenían la mirada fija en las pantallas de sus computadoras y coordinaban instrucciones de último momento. La sala estaba llena de actividad, pero con muy poco ruido. Nadie se percató siquiera de mi ingreso al centro de operaciones. Eso estuvo bien. Necesitaban estar concentrados, pues esa noche sería la misión más importante de su vida. Si nos equivocábamos, cargaríamos con el peso del fracaso por el resto de nuestros días. Si lo hacíamos bien, sería un legado del que estaríamos orgullosos.

Teníamos que hacerlo bien.

—Muy bien, Chris. Es hora de irse —anuncié.

Chris Faris, mi sargento mayor al mando y el soldado de mayor rango en la organización, estaba inclinado sobre el hombro de uno de los analistas de inteligencia. Asintió con la cabeza, miró al joven, sonrió y le dio una palmada en la espalda; después se reunió conmigo en la puerta.

—Maldita sea, estos chicos son buenos —reconoció Faris.

—Bueno, más les vale que lo sean —respondí—. Hay mucho que depende de ellos en este momento.

Faris y yo salimos del sofocante edificio de un piso de concreto al aire de la noche. Después del anochecer, Afganistán tiene un olor singular. El aire es fresco y limpio, puesto que vientos suaves provenientes de las montañas llegan a los valles. Y, sin embargo, hay un aroma distintivo de la vida humana (humo, sudor, tierra y madera) que atraviesa la pureza de la naturaleza y aviva los sentidos.

Nuestra base en Jalalabad estaba rodeada de vida. Miles de afganos vivían en la ciudad cercana: cocinaban, cuidaban a su ganado y cuidaban a sus familias. Para ellos, el 1° de mayo de 2011 era solo una noche más. Pero para quienes formábamos parte de la operación Lanza de Neptuno, esa era la noche en la que esperábamos capturar a Osama bin Laden.

Vi de nuevo mi reloj. Veinte minutos para el lanzamiento.

Faris y yo caminamos desde el TOC, cruzamos un patio con palmeras bajas y gruesas, seguimos por una banqueta rota, y llegamos a un área abierta en la que los SEAL realizaban los últimos preparativos antes de dirigirse a los helicópteros. Una llama intensa ardía en el pozo de fuego y la música sonaba a todo volumen en un equipo de sonido cercano. Al acercarme a la reunión de hombres fuertemente armados, el jefe maestro del escuadrón SEAL apagó la música y les ordenó a todos que se reunieran.

No se sentía tensión en el aire, eran solo hombres serios preparándose para llevar a cabo una misión seria. Todos eran conscientes de que el resultado de esta misión, fuera victoria o fracaso, los definiría para siempre.

Los SEAL se quedaron en silencio, mirándome. Le hice una seña a Faris para que dijera algunas palabras. Él había estado en combate desde que tenía 18 años y entendía mejor que yo la mentalidad de aquellos hombres que se preparaban para abordar los helicópteros. Todos en la formación conocían los antecedentes de Chris: fue condecorado con la Estrella de Plata por su heroísmo en el infortunado incidente de la caída del helicóptero Black Hawk Down,[3] había servido en Bosnia y durante los últimos diez años había formado parte de una fuerza de operaciones especiales de élite del Ejército estadounidense en Irak. Sin duda, tenía el respeto de los SEAL y ellos lo escuchaban con atención.

Aunque era mayo, la temperatura en Jalalabad era lo suficientemente baja como para justificar una fogata. Faris se acercó a esta y apoyó la bota en una de las rocas exteriores. Con su complexión media, cabello

[3] Hay dos incidentes Black Hawk Down, uno en Somalia (1993) y otro en Irak (1994). El autor se refiere al de Somalia, en la batalla de Mogadiscio, en 1993. *(N. de la t.)*.

negro ondulado, mandíbula cuadrada, y ojos oscuros y penetrantes, Faris hizo una pausa y miró a los 24 hombres reunidos a su alrededor. Fijó por un momento la vista al suelo para ordenar sus pensamientos.

—Caballeros, nuestros colegas británicos tienen un dicho. —Hizo una nueva pausa, y observó de un extremo al otro del semicírculo con lentitud—. «Quien se atreve gana». Esta noche se atreverán en grande y sé que saldrán victoriosos.

«Quien se atreve gana». Cuatro palabras que resumen el espíritu de cada gran unidad de comando, y cuatro palabras que diferencian a un gran líder de uno promedio.

En 1942, un larguirucho y joven oficial británico llamado David Stirling convenció a sus superiores de que un pequeño grupo de comandos podría atacar a las fuerzas panzer del general Erwin Rommel en el norte de África y lograr efectos devastadores. Stirling llamó a sus comandos Servicio Aéreo Especial (SAS, por sus siglas en inglés) para ocultar su verdadera misión. Después de múltiples intentos fallidos por tierra y paracaídas, se apoderó de 18 *jeeps*, los equipó con ametralladoras y emprendió ataques contra los depósitos de combustible y los aeródromos alemanes. En el transcurso de 1942, el mismo Sterling dirigió incursiones de golpe y fuga detrás de las filas alemanas. Rommel se refirió a Stirling como el Mayor Fantasma, debido a su capacidad para llegar detrás de las filas alemanas y salir sin ser detectado.

Más tarde, Sterling sería capturado, pero escapó y fue recapturado; sin embargo, con el tiempo sus comandos SAS ganarían un estatus legendario en el norte de África. Cuando se le pidió que desarrollara un lema para SAS, Sterling eligió la frase en latín *«Qui audet adipiscitur»:* «Quien se atreve gana».

Justo el día previo a la ejecución de la misión Bin Laden, el presidente Barack Obama me habló por teléfono al cuartel general en Bagram, Afganistán, para desearnos buena suerte a los SEAL y a mí. Aprecié su llamada mucho más de lo que él podría haber imaginado, porque entendí la inmensa presión bajo la que se encontraba. Durante los últimos siete meses, la unidad de inteligencia había trabajado para averiguar si el hombre alto que paseaba por el interior del complejo en Abbottabad, Pakistán, era Bin Laden. Pero aun con todos los recursos a nuestra disposición, no había forma de garantizar que el «paseante» fuera el cerebro detrás del 11 de septiembre.

Esto significaba que el presidente de Estados Unidos debía tomar una decisión basada en información insuficiente: la decisión de enviar a 24 SEAL y cuatro helicópteros a un país soberano, a un complejo que estaba a casi 5 km del West Point paquistaní, a casi 5 km de un importante batallón de infantería, y a 1.5 km de una estación de policía. Si la decisión hubiera sido la errónea y el hombre que paseaba por el recinto no fuera más que un paquistaní alto, habría sido el final de la carrera política de Obama. Tendría que cargar con el peso del fracaso de la misión por el resto de su vida. Sin mencionar las vidas que podrían perderse en ambos lados durante la misión, era un riesgo enorme, pero el presidente sabía que debía correrlo. Admiré sus agallas (Quien se atreve gana) pero lo más importante es que admiré su intelecto por comprender la naturaleza de los riesgos que estaba asumiendo.

Debido a los innumerables libros y películas sobre los Navy SEAL, existe la creencia errónea de que cuando se nos asigna una misión, solo tomamos nuestras armas y ejecutamos. Las películas no contemplan tiempo en el guion para mostrar toda la planificación y preparación que una operación conlleva. Nadie leería los libros si la mitad de los capítulos trataran sobre el proceso de planificación militar. Lo que quieren los lectores y la audiencia es acción. Quieren ver las proezas, los actos heroicos, el increíble drama que se desarrolla en el combate. Pero ¿quién quiere ver a un grupo de tipos con marcadores de colores y pizarrones blancos dibujando un plan de acción detallado?

Atreverse en grande no significa correr riesgos innecesarios. Cualquier fanfarrón puede ser arrogante con la vida, el dinero y el futuro de los demás, ya sea en los negocios o en el combate. Lo que en verdad significa atreverse en grande es tener la audacia de ir más allá, aprovechar una oportunidad en donde otros retrocederían ante el peligro. Y es ahí en donde radica la sabiduría de un gran líder, pues es consciente de que debe reducir el riesgo a un nivel manejable, un nivel que sea proporcional a la formación o al talento de quienes ejecutan la tarea.

Durante las tres semanas previas al ataque a Bin Laden, el equipo dedicó el 75% de su tiempo a planificar la misión. Contábamos con amplia información de inteligencia sobre las defensas aéreas integradas paquistaníes, la policía, el ejército, el terreno, el clima y el complejo de Bin Laden. El plan que ideamos constaba de 165 fases, y en cada una estaba considerada cualquier necesidad de capacitación, cada pieza de equipo necesaria, cada déficit de inteligencia y cada contingencia posible. Intentamos no dejar nada al azar, aunque sabíamos que, al igual que la incertidumbre, es parte de toda misión. Cuando no pudimos evaluar el riesgo de forma adecuada porque la información de inteligencia era incompleta (¿había trampas explosivas en el complejo de Bin Laden? ¿Tenía una ruta de escape subterránea?), desarrollamos planes para hacer frente a cada contingencia.

En un momento de la misión, el helicóptero líder MH-60 Black Hawk se estrelló en el complejo de Bin Laden cuando la ráfaga de aire descendente que provenía de las aspas creó un vórtice (un vacío) sobre el helicóptero y este entró en pérdida. Pero gracias a la exhaustiva planificación que habíamos hecho, a poca distancia había uno de apoyo. Un helicóptero derribado era un riesgo previsto y para el que estábamos preparados.

Después de terminada la misión y de que los restos de Bin Laden fueran arrojados al mar, el mundo despertó para ver a un Estados Unidos jubiloso. Se había hecho justicia. El presidente recibió aplausos más que justificados por su audacia y su voluntad de correr riesgos con información de inteligencia incierta. Cuando se le cuestionó de manera insistente sobre su decisión, comentó que si bien el grado de confianza que se tenía de que Bin Laden estuviera en el complejo era solo del 50%, él tenía un 100% de confianza en los SEAL, las tripulaciones de helicópteros y los profesionales de inteligencia que llevaban a cabo la misión. La decisión del presidente fue tan analítica como audaz.

Cuando vemos a quienes han corrido grandes riesgos a lo largo de la historia, ya sea en los negocios, el entretenimiento, los deportes, las artes o el ejército, nos damos cuenta de que cada uno de estos hombres y mujeres entendía que hay una oportunidad en cada riesgo. La oportunidad existe porque los riesgos eran demasiado altos y otras personas (aquellas sin confianza para avanzar) tenían demasiado miedo para aventurarse en un espacio en particular. Sin embargo, por cada hombre y mujer exitosos hay 10 000 fracasos. Pero ¿qué distingue los éxitos de los fracasos?

En 1991 estudiaba en la Escuela Naval de Posgrado en Monterey, California. Durante dos años trabajé en el desarrollo de una teoría de operaciones especiales. Quería saber por qué dichas misiones tenían éxito a pesar de que entrañaban un riesgo excepcionalmente alto. ¿Su audacia era suficiente por sí misma para triunfar? ¿Sus comandos eran tan superiores al enemigo que era de esperarse que ganaran la batalla? ¿Su tecnología era tan excepcional que les daba una ventaja abrumadora? Al final resultó que esos factores eran necesarios, pero no realmente suficientes para el éxito. En cada caso, «Quien se atreve gana» tuvo que ser respaldado por «Quien planifica y prepara gana». Solo a través de una planificación y preparación exhaustivas los líderes de operaciones especiales eran capaces de identificar los principales factores de riesgo y así desarrollar opciones para abordarlos. Para quienes observaban desde afuera, los riesgos parecían enormes; sin embargo, para quienes estaban dentro, eran manejables.

Todo gran líder debe mostrar sentido de audacia, pues la base no quiere seguir a un alma tímida. Esos líderes deben estar preparados para actuar cuando otros son débiles y temen al fracaso. Ellos deben asumir el lema «Quien se atreve gana», pero ninguno debería confundir la audacia y el atrevimiento con el descaro y la insolencia. Lo primero está bien, lo segundo conducirá al fracaso.

EL LIDERAZGO ES SIMPLE

1. Busca oportunidades para tomar riesgos. Ningún gran líder ha sido tímido o débil.
2. Mitiga el riesgo mediante una planificación y preparación exhaustivas.
3. Aprende de tus errores y prepárate para asumir el siguiente gran riesgo. No dejes que un solo fracaso te defina.

CAPÍTULO NUEVE

La esperanza no es una estrategia

Lo principal no es establecer una meta,
sino decidir cómo harás para alcanzarla
y seguir con ese plan.

ENTRENADOR TOM LANDRY

La gran pantalla estaba apoyada torpemente contra la pared, aún a la espera de que la atornillaran al concreto. En ella, dispuestos en una cuadrícula, había varios oficiales de alto rango de la comunidad antiterrorista de Washington. En la habitación, acompañándome, estaba mi superior, el general Stan McChrystal, jefe de la unidad de operaciones especiales que comandaba. Era febrero de 2004, McChrystal y yo habíamos hecho escala en Doha, Catar, para sostener una videoconferencia con nuestros colegas de las agencias vinculadas.

McChrystal, con la mirada fija en la pantalla, dijo:

—Tenemos la intención de construir una red de operaciones especiales y operadores de inteligencia en todo el mundo para contrarrestar la red que Al Qaeda está creando.

Hizo una pausa.

—Necesitamos una red para derrotar a otra red —enfatizó McChrystal, ahora con más fuerza.

—Esa es una tarea bastante compleja —dijo alguien.

—No sé si puedo lograr que nuestro departamento esté de acuerdo con esto —respondió alguien más.

—¿De dónde va a sacar a toda esta gente? —preguntó el representante del Pentágono.

—No lo sé, Stan —dijo un hombre, moviendo la cabeza.

McChrystal ordenó sus pensamientos.

—Bueno, no solo pretendemos construir una red alrededor del mundo, sino que también necesitamos que cada uno de ustedes nos proporcione a su mejor gente para que podamos crear un grupo de trabajo interinstitucional.

Observé en silencio cómo varias personas en la pantalla pusieron los ojos en blanco y se rascaron la cabeza.

—Mira, Stan, aprecio lo que estás tratando de hacer. Es una gran visión la tuya —comentó uno de los hombres de mayor rango—, pero no estoy seguro de cómo vas a lograrlo.

Los demás asintieron.

—Bueno, todos te apoyamos —dijo el hombre mayor, sin gran convicción—. Y esperamos lo mejor.

Esperamos lo mejor. *Esperamos* lo mejor.

Cuando las imágenes se desvanecieron, McChrystal se levantó de su silla, tomó un plumón, se dirigió al pizarrón y juntos comenzamos a trazar un plan. La *esperanza* no sería nuestra estrategia.

Existe cierto debate sobre el origen de la cita «La esperanza no es una estrategia». La escuché por primera vez cuando era un joven teniente SEAL en 1985. En ese entonces cometí el error de decirle a mi jefe que después de toda nuestra planificación y entrenamiento, esperaba que la misión saliera bien. Con gran rapidez, se abalanzó sobre mí y me dijo que si la esperanza era mi estrategia, era probable que la misión fracasara. Acto seguido, me envió de regreso a la sala de planificación para asegurarse de que yo hubiera considerado *todos* los factores de riesgo.

Algunos han atribuido la cita a Vince Lombardi. El entrenador era el capataz por excelencia y no dejaba nada al azar al elaborar sus planes de juego para los Green Bay Packers. En 2001, Rick Page publicó el *bestseller* titulado *Construya estrategias, no ilusiones: 6 claves para cerrar ventas complejas*. Era un libro de negocios, claro está, pero las implicaciones para cualquier líder con una visión eran las mismas: debes trabajar duro para convertir la visión en un plan. Si este tenía señalamientos y puntos mensurables, producía resultados. McChrystal consideraba que la esperanza era importante para nuestro éxito porque inspiraba a las tropas a actuar, pero la esperanza sin una planificación adecuada era, simplemente, un sueño.

Durante los días siguientes, McChrystal, con ayuda de su personal, construyó el marco para una red. Sabíamos desde dónde operaba Al Qaeda, y conocíamos sus nodos logísticos, sus rutas de viaje, sus centros financieros, sus estaciones de reclutamiento. Ahora teníamos que colocar a una persona en cada agencia, cada embajada, cada ejército aliado, cada punto de intersección en el que la organización terrorista tuviera presencia. La información se recopilaría y enviaría a nuestra propia Fuerza de Tarea Conjunta Interinstitucional (JIATF, por sus siglas en inglés), un grupo de los mejores y más brillantes operadores, especialistas en inteligencia y profesionales encargados de hacer cumplir la ley que pudimos reclutar.

En el transcurso de los siguientes cinco años, Stan McChrystal construyó una de las organizaciones militares más efectivas en la historia de la guerra. La red de operaciones especiales que creó junto con sus oficiales y suboficiales se extendió a todas las instituciones importantes del Gobierno de Estados Unidos y a la mayoría de las de nuestros aliados antiterroristas. No exagero al decir que la JIATF de McChrystal no solo salvó las vidas de miles de estadounidenses y de nuestros amigos, sino que también interrumpió complots terroristas, frustró a piratas, desplazó a dictadores y puso tras las rejas a hombres malvados. Todo gracias a que Stan McChrystal y su equipo no confiaban en la esperanza como estrategia.

Resulta evidente que un líder debe tener una visión, desarrollar una estrategia y poner en marcha un plan para hacerla realidad. El concepto es simple; la ejecución, extremadamente difícil. Lo es porque requiere toda la atención de un líder y, como suele ocurrir con todos los líderes, cada día hay cientos de distracciones que desvían su atención. Durante mis etapas al mando descubrí que un líder puede realizar solo dos o tres tareas importantes durante su mandato. Si abarcas demasiado con tu atención, no lograrás nada grandioso, porque solo tú puedes mantener a la base enfocada en las grandes tareas. Solo tú, el líder, puedes garantizar que la mano de obra, los recursos, las finanzas y la energía estén ahí para emprender los grandes trabajos.

Nunca subestimes el poder de la esperanza. No es esta lo que inspira y lo que anima, es lo que fortalece; sin ella no se puede lograr nada que valga la pena. Pero la esperanza por sí sola no es más que una ilusión. Combínala con una estrategia sólida, un plan detallado y mucho trabajo duro; de este modo, nada estará fuera de tu alcance.

EL LIDERAZGO ES SIMPLE

1. Ten una visión que diga *qué* vas a hacer. Debe ser atrevida e inspiradora.
2. Ten una estrategia que diga *cómo* lo vas a hacer. Hazla clara y concisa.
3. Ten un plan que muestre *quién* es responsable y los detalles de su implementación. Todos deben estar vinculados.

CAPÍTULO DIEZ

Ningún plan sobrevive al primer contacto con el enemigo

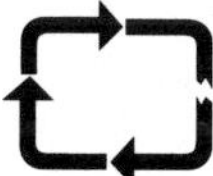

Solo porque hiciste un buen plan
no significa que eso es lo que va a ocurrir.

TAYLOR SWIFT

El doctor Russ Stolfi caminaba ida y vuelta frente a la pantalla retractil, deteniéndose de vez en cuando para cambiar la visualización del proyector. Stolfi, quien tenía poco más de 60 años, era alto, estaba bien afeitado, tenía una calvicie incipiente y una predilección por la vestimenta militar que rayaba en lo excéntrico. Era experto en la guerra europea y daba clases de Historia Militar en la Escuela Naval de Posgrado en Monterey, California.

Vestido con un traje verde de camuflaje, impartía una conferencia al grupo de oficiales militares sobre uno de sus temas favoritos: el general prusiano Helmuth von Moltke el Viejo. «No hay que confundirlo», bramó Stolfi, «con el sobrino de Moltke, Helmuth von Moltke el Joven». Moltke el Viejo fue jefe de Estado Mayor del Ejército prusiano durante más de treinta años. Ampliamente considerado como uno de los estrategas militares más brillantes de la historia, revitalizó y modernizó el Ejército prusiano. De acuerdo con el pensamiento de su colega y compatriota, el general Carl von Clausewitz, Moltke enfatizó en concentrar un ejército y maniobrar para destruir a sus enemigos.

De igual modo, se dio cuenta de lo importante que era para el éxito de los ejércitos modernos el que los generales renunciaran a una parte de su control y entregaran más autoridad y juicio a sus subordinados. Recién llegado de la operación Tormenta del Desierto, el debate sobre la estrategia militar prusiana me pareció fascinante y todavía relevante en la década de los noventa.

Stolfi encendió las luces y apagó el proyector.

—Bien, comandante McRaven —dijo con cierto histrionismo—, ¿cuál es la lección más importante que aprendió hoy?

Con rapidez, pensé en los puntos que Stolfi había escrito. Todos eran axiomas de estrategia y táctica militar: «La guerra es una continuación de la política por otros medios», «La paz eterna es un sueño», «Para asegurar la paz hay que prepararse para la guerra», «El destino de cada nación depende de su poder». Necesitaba elegir uno.

—La guerra es una continuación de la política —comencé.

—Ay, por favor, comandante —dijo Stolfi, golpeando con su apuntador de madera mi escritorio—. ¿Qué necesita saber como oficial? ¿Qué es lo más importante que debe considerar al desarrollar un plan? ¿Cuál es el aspecto fundamental de la estrategia de guerra: las operaciones o las tácticas?

Stolfi tomó su última diapositiva, apagó las luces y, antes de que pudiera responder, leyó la cita de Moltke el Viejo. Decía: «Ningún plan de operaciones llega con certeza más allá del primer encuentro con la fuerza principal del enemigo».

—En otras palabras —dijo Stolfi—, siempre tenga un «plan B», un plan de contingencia, un plan de respaldo. Porque una vez que se encuentra con el enemigo, ningún plan sobrevive al primer contacto.

En el transcurso de los siguientes dos años, con el doctor Russel Stolfi como mi asesor docente, escribí mi tesis de posgrado, titulada «The Theory of Special

Operations» [La teoría de las operaciones especiales]. Mientras investigaba diez misiones famosas en la historia de las operaciones especiales, me quedó claro que el viejo axioma de Moltke resistió la prueba del tiempo. No era algo que olvidaría pronto.

Estábamos a dos minutos. En el video de la pantalla superior pude ver los helicópteros gemelos Black Hawk rugiendo al atravesar el paisaje paquistaní, las puertas laterales abiertas, los Navy SEAL listos para deslizarse por la soga rápida hacia el interior del complejo de Abbottabad que albergaba al hombre más buscado del mundo: el líder de Al Qaeda, Osama bin Laden.

Dentro de mi centro de mando en Afganistán, yo observaba con atención cómo el primer helicóptero superó el muro de concreto de 5.5 m de altura y se detuvo justo al lado del edificio de tres pisos que albergaba a Bin Laden. Cuando el piloto se detuvo en el aire, listo para soltar la cuerda rápida, pude ver cómo el helicóptero comenzó a fallar. La nariz se inclinaba hacia arriba y la cola se balanceaba con torpeza de derecha a izquierda. Por la radio pude oír al piloto luchando por recuperar el control. En definitiva, algo estaba mal. Segundos más tarde, el helicóptero se sacudió de forma violenta hacia adelante, la cola giró con violencia hacia la izquierda, y la máquina y los hombres cayeron de manera estrepitosa en el patio exterior, lejos del lugar previsto para el aterrizaje.

El piloto del segundo helicóptero, al ver al helicóptero líder entrar en pérdida, se inclinó rápidamente hacia la derecha e hizo que sus SEAL descendieran fuera del complejo. Todo lo que habíamos planeado en un inicio se había arruinado. Ahora, los SEAL del primer helicóptero estaban aislados en otra zona del complejo, incapaces de alcanzar con rapidez sus objetivos. Los SEAL del segundo helicóptero, quienes se suponía que estarían en el techo del edificio de tres pisos, estaban fuera del complejo y tuvieron que abrirse paso a través de varias puertas metálicas tan solo para regresar. Desde el interior de la Casa Blanca, el presidente y su personal observaban, al tiempo que contenían la respiración de manera colectiva. En ese instante parecía que el éxito de la operación estaba en la cuerda floja. Pero así de terrible como era la situación, yo sabía que teníamos un plan para corregir el rumbo de la misión.

Durante las tres semanas previas a la operación Lanza de Neptuno, la misión para capturar a Osama bin Laden, los SEAL y los que realizaban la planificación de los helicópteros repasaron todas las contingencias posibles, contemplando que las cosas podrían salir mal. No solo habían previsto tener que desviarse de su punto de inserción, sino que también habían previsto que podríamos necesitar un helicóptero de respaldo en caso de que uno o ambos cayeran.

Apegados a la planificación, los SEAL se adaptaron con rapidez y se dirigieron al complejo. En cuestión de minutos, llegaron al tercer piso y mataron a Bin Laden. Al mismo tiempo, el comandante del equipo aéreo movió el helicóptero de respaldo a su posición, justo a tiempo para extraer a los SEAL y destruir el Black Hawk dañado. Al cabo de dos horas, todos los hombres estaban de regreso, sanos y salvos, en Afganistán. El plan A había fracasado, pero el B y el C se ejecutaron a la perfección.

••✳••

El Proceso Militar de Toma de Decisiones (MDMP, por sus siglas en inglés) es la herramienta fundamental que utilizan los oficiales y los reclutas al desarrollar un plan de acción para una operación militar. Consiste en un proceso de siete pasos: recepción de la misión, análisis de la misión, desarrollo del curso de acción (COA, por sus siglas en inglés), comparación del COA, aprobación del COA, producción y difusión de las órdenes. Existen muchas variaciones en este proceso. Por ejemplo, los marines utilizan el Proceso de Planificación de Respuesta Rápida (R2P2, por su contracción en inglés); y la Fuerza Aérea y otros utilizan el Sistema de Planificación Conjunta.

Como es de esperarse, la mayoría de las empresas importantes tienen varias pruebas de estrés que utilizan para determinar cuán preparados están para manejar crisis financieras; pruebas como Monte Carlo, Dodd-Frank Act Stress Test (DFAST) o Análisis Completo y Revisión Financiera (CCAR, por sus siglas en inglés). Sin embargo, todas ellas requieren de manera esencial que el planificador revise el plan, desarrolle opciones, pruebe esas opciones en el peor de los casos y se asegure de tener todo el personal, la capacitación y el equipo necesarios para ejecutarlas. Aunque no es parte inherente del proceso de planificación, se asume que se deben ensayar las opciones para desarrollar las áreas potenciales de mayor riesgo y luego perfeccionar el plan para reducir el riesgo tanto como sea posible.

El problema con MDMP, Monte Carlo o DFAST es que requieren mucho tiempo y personal. Además, si comienzas con las suposiciones equivocadas, puedes terminar con una falsa sensación de seguridad de haber abordado todas las preocupaciones de riesgo. Pero, dejando de lado esas preocupaciones, si la misión o el problema que tienes como empresa es en verdad importante, entonces necesitas invertir en el esfuerzo.

Después del desastre marítimo del Exxon Valdez en 1989, la Junta Nacional de Seguridad en el Transporte informó que la planificación de contingencia realizada por Alyeska Pipeline, Exxon y funcionarios federales y estatales fue inadecuada. Concluyeron que muchos observadores «se enfocan en la baja probabilidad [del evento] y se "aseguran" a sí mismos que el evento de consecuencias catastróficas nunca ocurrirá y que los planes de respuesta no probados serán adecuados, si sucede». Este enfoque del plan B es, con frecuencia, un error fatal.

Como líder, asegúrate siempre de que tu organización haya hecho el esfuerzo de contemplar el peor de los casos en la planificación, aun cuando parezca el menos probable, porque Moltke el Viejo tenía razón: ningún plan sobrevive al primer contacto con el enemigo. Siempre tienes que estar preparado.

EL LIDERAZGO ES SIMPLE

1. Considera siempre el peor de los casos y planifica en consecuencia.
2. Prueba el plan para asegurarte de que todos en la organización sepan cómo reaccionar cuando las cosas van mal.
3. Estate listo. Murphy era optimista.

CAPÍTULO ONCE

Vale la pena ser un ganador

Compites todos los días porque te fijas estándares tan altos que debes salir todos los días y estar a la altura de estos.

MICHAEL JORDAN

Tenía dificultades. El sol de California me golpeaba, el viento de verano de altamar me soplaba, la arena de la playa era suave y cada zancada con mis botas tácticas demandaba más esfuerzo del que podía realizar. Y como si eso no bastara, el día anterior había soportado dos horas adicionales de calistenia a manos de los instructores SEAL. El infame «circo»[4] me estaba pasando factura.

—¡Vamos, señor Mac! Usted es oficial —gritó el jefe—. No debería estar al final del grupo. ¡Corrija!

---

[4] El circo es un entrenamiento adicional para aquellos que no cumplen con los altos estándares de los Navy SEAL, que consiste en dos horas adicionales de calistenia. *(N. de la t.)*.

El instructor, vestido con una playera azul y oro, shorts color caqui y botas tácticas verdes, parecía deslizarse sin esfuerzo por la arena, sin una sola gota de sudor en la frente. «¿Cómo es eso posible?», me preguntaba.

Delante de mí había una larga fila de aprendices SEAL, repartidos a lo largo de 100 m. Minutos antes habíamos llegado al punto de inflexión de una carrera de 6.5 km por la playa, y ahora todos daban el último esfuerzo para acelerar el ritmo y terminar. Todos menos yo. Yo era el último. El ancla. ¡El último hombre en la fila y apenas podía mantener esa posición!

El instructor, un SEAL de Vietnam altamente condecorado, con el cuerpo delgado de un maratonista, se detuvo a mi lado y me susurró al oído.

—Usted es mejor que esto, señor Mac. Sé que lo es.

Tenía razón. Yo era un corredor de 1 500 m en la escuela preparatoria y la universidad, y uno de los mejores corredores de la generación. Pero en ese momento yo estaba exhausto por los días de duro entrenamiento. Mi tanque estaba vacío. En este punto no había nada que me motivara a avanzar más rápido. Y luego añadió:

—Recuerde, señor Mac: ¡Vale la pena ser un ganador!

«Vale la pena ser un ganador. Vale la pena ser un ganador». Todos los instructores en el entrenamiento SEAL citaban el dicho. La expectativa era que los SEAL fueran los ganadores; y la única manera de conseguirlo era poner la vara alta. Altos estándares de aptitud física. Altos estándares de profesionalismo. Altos estándares de conducta. Los ganadores trabajaban duro. Los ganadores se sacrificaban. Los ganadores nunca se daban por vencidos. Si querías convertirte en un SEAL, tenías que ser un ganador. Por eso todos nos habíamos ofrecido como voluntarios para recibir capacitación: queríamos ser ganadores.

Si bien el dicho fue diseñado para inspirarnos a actuar, también contenía la amenaza implícita de que, si no cumplías con el estándar, debías pagar un precio. En las carreras de playa, ese precio era el «Goon Squad». Cualquiera que no lograra cruzar la línea de meta en el tiempo establecido o que no cumpliera con el alto estándar de condición física sería detenido de inmediato y enviado a otra carrera de 1500 m. De no lograrlo, podría correr otros 1500 m, y en caso de volver a fallar, terminaría en un circo después de las actividades del día.

Comencé a mover mis brazos con mayor velocidad. Mis piernas se agitaron un poco más rápido. Hice un esfuerzo con todos mis recursos y salí disparado. Uno a uno rebasé a mis compañeros de entrenamiento. Pude ver a lo lejos al corredor líder, el alférez Fred Artho, quien era una maravilla de la ingeniería humana. Era el hombre que tenía mejor condición física del grupo y no sentía dolor; podía correr para siempre y sonreír todo el tiempo.

El instructor seguía mi ritmo.

—¡Más rápido, más rápido! —gritó.

Ya estábamos en el embarcadero de Coronado. Solo restaba 1.5 km. Por el rabillo del ojo podía ver la playera azul y oro del instructor. Ahora estaba sudando, pero sonreía ante mi esfuerzo.

Los Coronado Shores, un complejo de condominios de cuatro edificios paralelos a la playa, iban pasando uno a uno. Restaban menos de 400 metros.

—¡Vamos!, ¡vamos!, ¡vamos! —me gritaba a mí mismo.

—¡Ahora! —gritó el instructor—. ¡Más impulso, más impulso!

Mis pulmones ardían, mis piernas estaban adormecidas por la adrenalina, y mis ojos, cubiertos de arena y sudor.

Tres corredores adelante de mí. Solo tres.

Con mis últimas fuerzas, impulsé mis piernas tan fuerte como pude y me lancé hacia la línea de meta. Caí en la arena, pero crucé en tercer lugar.

—No está mal, señor Mac. Nada mal.

El instructor sonrió y recuperó el aliento.

Cuando me gradué del entrenamiento SEAL y pasé a los equipos, el dicho «Vale la pena ser un ganador» desapareció del léxico de los SEAL más jóvenes. Solo nosotros, los viejos, recordábamos este canto incesante de los instructores. Pero lo que jamás desapareció es la importancia de los altos estándares y la expectativa de que, si eras el mejor, tus estándares eran altos.

En julio de 1990, yo era el comandante de la unidad operativa de un destacamento SEAL en un despliegue en el Pacífico occidental. Como parte de la unidad operativa, tenía un destacamento de botes compuesto por dos naves de alta velocidad SEAFOX, un elemento de comunicaciones y un pelotón SEAL. Después de treinta días de navegación en el Pacífico, el Amphibious Ready Group, formado por cinco barcos y del cual éramos parte, llegó a Subic Bay, Filipinas. A las pocas horas de atracar, a los 2000 marines y a los 21 SEAL se les permitió desembarcar en libertad. A la mañana siguiente, recibí la noticia de que uno de mis SEAL se había enfrascado en una riña en un bar y las cosas se habían puesto feas. Dio la casualidad de que esa misma noche 22 marines se habían metido en igual cantidad de problemas.

A las 0800 horas escuché mi nombre a través del intercomunicador del barco.

«Comandante McRaven, preséntese en el puente».

Esto no era una buena señal. Sabía que mi jefe, el comodoro, estaría esperando para interrogarme.

Mientras subía tres tramos de escaleras desde la zona de atraque hasta el puente, comencé a preparar mi defensa. Sí, mi SEAL se había metido en problemas, pero ¿cómo podría compararse con los problemas de los 22 marines, que eran igual de lamentables?

Al entrar al puente, encontré a Mike Coumatos, el comodoro, sentado en su silla de capitán. Me acerqué a la silla y me puse en posición de firmes.

—Señor, usted me llamó.

Coumatos se bajó de la silla y pude notar la ira en su rostro. Había sido piloto de helicóptero de la era de Vietnam, era tácticamente brillante, y en el transcurso de 18 meses en el Amphibious Ready Group yo había llegado a respetarlo de forma profunda por su liderazgo. Hasta el día de hoy, considero a Mike Coumatos uno de los mejores líderes con quienes he servido.

Con solo 1.65 m de altura, redujo la distancia entre nosotros, levantó la cara y me miró furioso a escasos centímetros de mi cara.

—Uno de sus SEAL se peleó en un bar anoche y golpeó a un par de marines. ¡Esto es inaceptable!

—Sí, señor, estoy completamente de acuerdo —comencé; luego cometí un error fatal—. Pero, señor, también quisiera señalar que anoche 22 marines se metieron en problemas.

Antes de que pudiera continuar, Coumatos me confrontó, con el rostro encendido de ira.

—Son jóvenes marines, Bill —señaló—. Yo espero que se metan en problemas.

Y entonces recordé por qué yo era un Navy SEAL.

—Pero yo les exijo a usted y a sus SEAL un estándar más alto. Y espero que usted, como su líder, haga lo mismo. ¿Está claro?

«Yo les exijo a usted y a sus SEAL un estándar más alto». Esas palabras resonaron en mi cabeza por el resto de mi trayectoria. Si bien como organización SEAL no hemos cumplido en ocasiones con esos altos estándares (y hemos tenido que lidiar con las dolorosas y vergonzosas consecuencias), nunca hemos dejado de elevar la vara e intentar ser los mejores. Además, siempre he sabido que, como líder en esta comunidad, mi trabajo era garantizar que se cumplieran los estándares de conducta y profesionalismo. Lo cual no solo significaba establecer estándares, sino también responsabilizar a las personas.

Lo que se aprende sobre los altos estándares es lo importantes que son para cualquier organización. Nadie mira a su alrededor y dice: «¿Dónde está ese equipo mediocre? Quiero formar parte de ellos: un equipo mediocre». No importa si vendes hamburguesas, lavas autos, practicas algún deporte o sirves en el Ejército, todos quieren ser parte de algo especial. Todo el mundo quiere ser un miembro valioso de una gran organización, y la única manera de ser una gran organización es establecer altos estándares y esperar que las personas estén a la altura.

Como líderes, a veces nos conflictuamos por establecer expectativas poco razonables sobre los hombres y mujeres que colaboran con nosotros. Entendemos con rapidez los desafíos que implica colocar el listón demasiado alto; sin embargo, debes saber que los hombres y mujeres jóvenes que trabajan para ti anhelan ser desafiados, buscan ser los mejores, quieren ser ganadores y, a veces, eso implica que paguen el precio del trabajo duro, los altos estándares y la responsabilidad. Nunca subestimes el valor de una meta ambiciosa, de poner la vara alta y desafiar a tus empleados a librarla.

EL LIDERAZGO ES SIMPLE

1. Establece una cultura ganadora basada en altos estándares. Tus empleados quieren ser desafiados.
2. Haz responsables a las personas cuando no cumplen con los estándares. La responsabilidad es lo único que distingue a los de alto desempeño del resto.
3. Reconoce a aquellos que cumplen o superan el estándar. Esto reforzará la cultura ganadora.

CAPÍTULO DOCE

Un pastor debe oler igual que sus ovejas

Desde este día hasta el fin del mundo,
nosotros en él seremos recordados;
nosotros pocos, nosotros felizmente pocos,
nosotros, una banda de hermanos;
porque aquel que hoy derrame su sangre conmigo
será mi hermano.

WILLIAM SHAKESPEARE, *ENRIQUE V*

Con una gran bolsa militar colgada sobre mi hombro y sin nada más que el brillo de una pequeña luz roja para guiarme, me abrí camino hacia el área de atraque de la tripulación, con el brazo extendido, los ojos entrecerrados y moviendo la cabeza de un lado a otro. Era casi medianoche y el alférez de la Armada que me había recogido en la base de la Fuerza Aérea Hickam, en Hawái, me dijo que la tripulación se reunía a bordo del USS Ouellet a las 6:30 am de la mañana siguiente.

Era junio de 1974 y, como guardiamarina de tercera clase, estaba en mi crucero de verano, un despliegue de siete semanas en Pearl Harbor, Hawái. Como guardiamarina subalterno, estaría atracado con los marineros, comería con los marineros y trabajaría con los marineros. Durante ese periodo sería un recluta y aprendería todo lo que pudiera de ellos a bordo del barco. La experiencia cambiaría para siempre mi enfoque del liderazgo.

Me quité los zapatos y comencé a subir a mi litera, que estaba situada encima de otras tres literas. Con cuidado, apoyé el pie en la barandilla de metal del primer nivel y ascendí. Con ayuda de las correas de nailon de la litera superior, comencé a subir, pero mi pie resbaló y, de manera instintiva, busqué un nuevo punto de apoyo. De inmediato, supe que mi pie había encontrado carne. Un profundo rugido emanó de la litera de abajo y de ella salió uno de los hombres más corpulentos que había visto a mis 19 años.

—¡Qué diablos, hermano! ¿Qué te pasa? —gritó.

Mientras me aferraba al costado de la pila de literas, emergió un gigante samoano con brazos tan grandes como mis muslos; la luz roja del área de atraque se reflejaba en sus ojos enfurecidos.

—Oye, lo siento mucho —me disculpé, tratando de bajar de la litera.

—¡Cállense! Estoy tratando de dormir aquí —bramó alguien desde una litera distante.

Frotando su rostro ofendido con una mano, el samoano me tomó de la camisa y me acercó a él.

—¿Quién diablos eres? —gritó, despreocupado por el resto de los marineros dormidos.

—¡Cállense! —se oyó otra voz.

—Bill McRaven, soy guardiamarina, acabo de llegar hace una hora y me asignaron la litera superior. Lamento mucho haberte pisado la cara —dije en un intento por poner todo en una frase larga por si fuera la última.

El gigante samoano me giró hacia un lado, me miró un momento, y luego me giró hacia el otro lado.

—¿Sabes, amigo? Esta cara es la única que tengo. Es bonita y no quiero que nadie la estropee. A las damas así les gusta.

—Sí, sí, estoy seguro.

Me soltó y tomó mi bolsa verde.

—¿Esto es tuyo? —preguntó.

—Sí.

—Bueno, amigo, la vamos a guardar en el casillero del contramaestre esta noche y podrás recogerla en la mañana.

Después de guardar mi bolsa de viaje, subí a mi litera completamente tendida mientras él esperaba fuera del camino hasta que estuviera a salvo.

—Por cierto, amigo, mi nombre es Ricky. Bienvenido a la Marina. Ahora duerme un poco, hermano. La tripulación llega temprano.

En el transcurso de las siguientes siete semanas, Ricky me tomó bajo su protección y me enseñó todo lo que sabía sobre ser marinero. Hubo lecciones mundanas, como el hecho de que, si sostienes la pulidora con demasiada fuerza perderás el control, que la mejor manera de planchar el overol es ponerlo debajo del colchón por la noche o que un buen cepillo de dientes y bicarbonato de sodio son lo mejor para quitar las manchas de un mingitorio. Por supuesto, también aprendí en dónde estaban todos los buenos bares, juegos de dados y casas de empeño en Honolulu. Ricky era particularmente bueno con los dados.

Saber estos trucos me resultó muy útil para construir una relación con mis marineros, pero también aprendí lecciones en verdad importantes: aprendí que cada marinero tenía una historia. Una historia acerca de su motivación para enlistarse en la Marina; una sobre su familia; una sobre su ciudad natal. Pero, sobre todo, tenían una historia sobre sus despliegues en el extranjero: la tormenta que casi volcó el barco; su experiencia cercana a la muerte durante un reabastecimiento en curso; la bella princesa polinesia con la que casi se casan; el juego de cartas en el que se llevaron todo el bote; el tatuaje del dragón y cómo llegó a su trasero; su ceremonia al cruzar el ecuador; y los increíbles atardeceres en el mar. No solo cada marinero tenía una historia, sino que todos querían contarla y todos querían que tú la escucharas. Puedes aprender mucho escuchando a las personas con las que trabajas.

También aprendí que los marineros como Ricky querían ser parte de algo especial. Estaban orgullosos de su barco y, aunque se quejaban de modo incesante de la comida, los días tan largos, los oficiales y los demás tripulantes, defendían la reputación de su barco ante cualquiera que no formara parte de la tripulación.

Sabiendo que algún día yo ostentaría barras de alférez, Ricky y sus demás compañeros de tripulación se aseguraron de que entendiera lo que esperaban de sus oficiales.

—Ese maestro —comentó Ricky, refiriéndose a un joven teniente— llega todos los días y pasa una hora conmigo en la sala de máquinas. ¡Ese sí que es un buen oficial, amigo!

—El oficial ejecutivo es duro cuando tiene que serlo, pero nos da chance cuando puede. Él también es bueno.

—El capitán nos exige demasiado, pero siempre se asegura de que consigamos el mejor lugar en el muelle.

Los oficiales a quienes más respetaban eran los que llegaban a la sala de máquinas cuando esta se encontraba a casi 49 °C, los que se engrasaban y hacían girar las llaves con ellos, los que tomaban una escoba para ayudar con la limpieza nocturna, los que les llevaban agua cuando estaban pintando el costado del barco y quienes de forma rutinaria les agradecían su esfuerzo. Pero también querían un oficial capaz de tomar las decisiones difíciles, que los responsabilizara, que trabajara duro y, sobre todo, que los valorara por el arduo trabajo que hacían. A fin de cuentas, querían un oficial del que pudieran estar orgullosos, incluso si no lo decían abiertamente. Querían a alguien que fuera inteligente, atlético, que tuviera buen porte al usar el uniforme, y que, a su vez, no los avergonzara emborrachándose demasiado o siendo muy escandaloso.

Tres años más tarde me comisionaron como alférez en la Marina y me dirigí al Entrenamiento Básico de Demolición Submarina/SEAL. Las lecciones que aprendí cuando estuve con Ricky nunca se alejaron de mi mente: comparte la miseria, comparte los peligros, comparte la camaradería, escucha sus historias, y aprenderás sobre tus marineros y lo que esperan de ti.

El entrenamiento SEAL era diferente a la mayoría de los otros cursos militares. Los oficiales y los soldados llevaban exactamente el mismo entrenamiento: las mismas carreras en arenas blandas, los mismos trayectos a nado en mar abierto, la misma carrera de obstáculos, el mismo hostigamiento, los mismos días de tener frío, estar mojado y pasarla mal, la misma semana del infierno. Compartir las dificultades con los reclutas les daba a los oficiales la comprensión de sus motivaciones, y también les brindaba a aquellos un grado de respeto por sus oficiales porque habían compartido un vínculo.

A lo largo de los siguientes 37 años, traté de pasar el mayor tiempo posible en el campo con mis SEAL. A medida que ascendía de rango, esa tarea era más difícil; incluso había veces en las que intentaba convencerme de que el trabajo que hacía en la oficina era más importante. Ahora bien, es claro que el trabajo estratégico de cualquier organización es importante, pero tener conciencia de cómo tus decisiones afectan a las bases es igual de importante. Si, como líder, no pasas tiempo en la fábrica, no caminas por los cubículos, no hablas con los pasantes, no tomas café con los empleados jóvenes, entonces no entenderás lo que ocurre en tu negocio. Y, con el tiempo, solo fracasarás como líder.

Durante mi estancia en Irak y Afganistán, observé a los grandes generales (y a los coroneles, mayores, capitanes, tenientes y personal alistado de alto rango) y su interacción con sus tropas. Los buenos pasaban tiempo en el frente: esquivaban balas en Faluya, viajaban en un Humvee por la ruta irlandesa, volaban en helicóptero sobre el Hindú Kush o hablaban con los centinelas en las torres de vigilancia. Este compromiso no solo fue importante para comprender a las tropas y, por lo tanto, tomar mejores decisiones, sino que también era de vital importancia para las tropas ver a sus líderes sudando y ensuciándose junto a ellos.

En alguna ocasión, el papa Francisco dijo: «Un pastor debe oler como sus ovejas». Si bien es un dicho relativamente nuevo, refleja el pensamiento de los grandes líderes de todos los tiempos. Si pierdes el contacto con los hombres y mujeres que trabajan para ti, si no puedes identificarte con ellos porque pasas demasiado tiempo en la oficina y no el suficiente en la planta de producción, si no «hueles» como las personas que has jurado proteger y liderar, entonces serás un mal líder que toma malas decisiones.

EL LIDERAZGO ES SIMPLE

1. Comparte las dificultades con tus empleados. Te ganarás su respeto y aprenderás sobre ti mismo como líder.
2. Comparte la camaradería. Deja que los empleados te vean divirtiéndote (dentro de lo razonable). Quieren saber que su líder también es humano.
3. Escucha a las bases. Tienen soluciones para la mayoría de los problemas con los que luchas.

CAPÍTULO TRECE

Escucha a tus tropas

Si haces de *escuchar* y *observar* tu ocupación,
ganarás mucho más de lo que puedes
ganar con *hablar*.

ROBERT BADEN-POWELL,
FUNDADOR DE LOS BOY SCOUTS

«Escuchar a las tropas» es una tradición arraigada en el Ejército. A lo largo de la historia, los generales les han ordenado a sus soldados reunirse en el campo de desfile para que los oficiales pudieran inspeccionar a las tropas, hacerles preguntas sobre su entrenamiento y asegurarse de que las órdenes del general se transmitieran al soldado más joven de la formación. Washington, Grant, Pershing, Eisenhower, Colin Powell y la primera mujer general de cuatro estrellas del Ejército, Ann Dunwoody: todos los grandes generales en algún momento han escuchado a sus tropas.

Cada servicio tiene algo similar. En la Armada, todas las mañanas los marineros y marines se reunían en la popa o en la cubierta de vuelo para recibir las noticias diarias. En la Fuerza Aérea, los aviadores se reúnen en la línea de vuelo y las órdenes se difunden. En todos los casos, existe un profundo entendimiento de que, como oficial, es necesario salir para estar entre las tropas. Debes confirmar que se están acatando las órdenes del oficial superior, pero también debes asegurarte de que las tropas vean a su líder con la mayor frecuencia posible.

Cada recorrido de mando que hice (esos paseos diarios por el edificio, la base o el campamento) me proporcionó grandes conocimientos sobre cuán bien le iba a la organización y cuán bien yo dirigía.

—¿Va a salir, señor? —preguntó el coronel, levantando la vista de su computadora.

—Solo daré un paseo —respondí.

Miró el reloj digital colocado muy por encima de la pared de pantallas planas y sonrió. Eran las 4:00 am, hora de Afganistán, la hora de mi ritual nocturno.

—La última misión debería completarse en una hora, señor —señaló—. Si hay algún problema, yo lo localizo.

—Entendido. Gracias.

De forma inusual, el Centro de Operaciones Conjuntas (JOC, por sus siglas en inglés) en mi cuartel general en Bagram, Afganistán, estaba tranquilo para ser sábado por la mañana. Ya se habían completado tres misiones de los rangers en Kandahar y la provincia de Gazni. Los principales objetivos que buscaban los soldados ya habían sido capturados, pero dos rangers resultaron heridos en una de las incursiones. Por fortuna, no era nada grave. En las afueras de Jalalabad, al este de Afganistán, aún estaba en curso una misión SEAL. Al salir del JOC, en la transmisión del Predator pude ver un acercamiento al complejo afgano que los SEAL estaban atacando. Diminutas siluetas negras se movían con determinación de un edificio a otro. Los rayos de sus designadores láser atravesaron la pantalla mientras los SEAL recorrían el patio abierto, buscando su objetivo. Era solo una noche más en Afganistán.

Cuando comencé a salir del edificio, noté que la joven guardia en el Punto de Control de Entrada (ECP, por sus siglas en inglés) colocaba de modo cuidadoso y metódico las tarjetas de acceso en la mesa frente a ella. Muchos de los soldados que brindaban apoyo a mi fuerza de operaciones especiales estaban en un despliegue de un año y, debido a la naturaleza clasificada de nuestras misiones, la mayoría no tenía idea de quiénes éramos.

Me detuve un momento para conversar con ella. Era nueva en el Ejército. De Ohio. Le encantaban los Buckeyes. Tenía tres hermanos, eso la hizo fuerte; uno de ellos se unió a la Infantería de Marina, pero todavía estaba en Estados Unidos. Era la primera de su familia en servir en el Ejército. La primera en ir a la guerra. Estaba orgullosa, aunque también un poco asustada. Pero la gente aquí era agradable, así que estaba contenta de servir con nosotros. Por cierto, ¿quiénes éramos?

Le agradecí por alistarse. Le dije que la gente de Ohio estaría orgullosa de ella. Yo estaba orgulloso de ella. Sabía que iría a la guerra y se alistó de todas formas. En cuanto a quiénes éramos, bueno, éramos una fuerza de operaciones especiales que capturaba a los hombres más buscados en Afganistán. Una gran sonrisa apareció en su rostro.

—Mi hermano estaría celoso —dijo.

—Sí, lo estaría —respondí.

Afuera del edificio de madera de dos pisos, con sus luces fosforescentes, monitores de computadora, transmisiones de drones y señales de salida, la noche afgana tenía una oscuridad espectacular. Si bien siempre hay un brillo amarillo opaco que flota sobre el aeródromo, una vez que te aventuras a salir, es necesaria una linterna.

Giré a la derecha después de salir del ECP y caminé despacio por el sendero de grava que era la calle principal de nuestro campamento. Las instalaciones de dos hectáreas en medio de la Base Aérea de Bagram albergaban a más de mil personas. Si bien el comedor de la base y el hospital estaban fuera de nuestras instalaciones, todo lo demás que necesitábamos para planificar y preparar nuestras misiones estaba confinado dentro del área amurallada.

En la siguiente hora, pasé por el parque de vehículos, donde descubrí que había escasez de mecánicos. Pasé por la lavandería, donde la mitad de las máquinas no funcionaban; y ahora me dirigía a la última parada de mi caminata: las torres de vigilancia.

A lo largo del perímetro exterior, con una distancia de 50 m entre ellas, había estructuras de 6 m de altura con un marco de celosía metálica y un pequeño edificio de 2 por 2 m en la cima. Este tenía una tronera en cada uno de los cuatro lados, pero la ametralladora de gran calibre apuntaba hacia los campos abiertos, desde los cuales realizarían sus incursiones los talibanes. En todo el tiempo que estuve en Bagram, nunca tuvimos un ataque terrestre que amenazara la base; sin embargo, estábamos preparados por si ocurría.

Subí la escalera que conducía a la trampilla al fondo de la pequeña habitación. Llamé primero, y levanté la puerta con lentitud para asegurarme de no aplastar al soldado que estaba adentro.

—Adelante —anunció.

Para no afectar la visión nocturna del soldado, apagué la linterna y entré en la habitación.

—¿Cómo está? —pregunté, levantándome con lentitud.

—Bien, amigo. ¿Cómo estás tú? —respondió el soldado, incapaz de reconocerme en la oscuridad.

—Bien, bien —respondí—. Soy el almirante McRaven.

—Genial —comentó, desconfiado de que fuera un almirante o de por qué un almirante estaría en su torre de vigilancia a las cuatro de la mañana.

—¿Todo tranquilo esta noche? —pregunté.

—Oh, sí. Solo un grupo de niños tiró piedras desde el otro lado del campo. No creo que les agrade nuestra presencia.

—Creo que podrías tener razón. —Sonreí en la oscuridad.

—Tres-cuatro, habla… —crepitó la radio.

—Estación llamando, habla tres-cuatro, repita su última —dijo el soldado por el *walkie-talkie* que había tomado del cinturón.

—Digo de nuevo… —fue la respuesta ininteligible.

—Malditas baterías, se están agotando —se quejó el soldado—. Sé que debía revisarlas antes de empezar a trabajar.

Presionó el botón de luz nocturna de su reloj y vio la hora.

—Es solo su control de rutina —murmuró para sí mismo.

Apretó de nuevo el botón para hablar del *walkie-talkie* y gritó:

—Esto es tres-cuatro, ¡todo bien aquí!

Pude distinguir el débil sonido de un «Entendido».

El soldado Joey Benson de Colorado resultó ser un tipo muy platicador. Era viejo para ser un soldado raso y odiaba al Ejército. Pero después de una serie de delitos menores, el juez no le dio muchas opciones, era el Ejército o la cárcel. Quería regresar a Colorado para esquiar después de cumplir con su tiempo de servicio. Esperaba ya no meterse en más problemas. Odiaba al Ejército, insistía, pero amaba a sus compañeros soldados. Odiaba al Ejército, pero en realidad disfrutaba de estar en Afganistán. Odiaba al Ejército, pero sus oficiales y suboficiales eran muy buena onda. Odiaba al Ejército, pero estaba aprendiendo a ser mecánico. Odiaba al Ejército, pero le encantaba disparar. Sí, moría de ganas de salir del Ejército, pero sería un gran sargento. Él podría enseñarles de verdad a estos niños pequeños cómo ser soldados.

A la mañana siguiente, a las 11:00 am, hora zulú, llevamos a cabo nuestra videoconferencia mundial estándar. Mi grupo de trabajo de operaciones especiales estaba desplegado en todo el mundo, en bases y campamentos tanto grandes como pequeños. Revisamos todas las operaciones importantes, desde Irak hasta Afganistán, desde Somalia hasta el norte de África, desde Filipinas hasta Yemen. Cada objetivo de alto valor, cada amenaza existencial para Estados Unidos, cada uno de los temas tremendamente importantes del día. Después de una hora, tomé el micrófono por última vez. Como de costumbre, los oficiales y suboficiales esperaban con ansias algún comentario de sabiduría del «viejo», algo profundo y significativo, algo que cambiaría el rumbo de su lucha contra Al Qaeda, los talibanes, Al-Shabaab, Boko Haram y Abu Sayyaf.

—Amigos, anoche hice mi recorrido y descubrí algunas cosas. Quiero que cada uno de ustedes, comandantes y suboficiales de alto rango, aborden estos importantes temas.

En las treinta pantallas frente a mí podía observar plumas listas para escribir los siguientes grandes mandamientos desde lo alto.

—Primero, quiero que todos los soldados de apoyo estén informados sobre quiénes somos como equipo de trabajo. Quiero que se sientan parte de este grupo. Estoy orgulloso de tenerlos y quiero que ellos estén orgullosos de servir aquí.

Vi algunas narices arrugadas, algunas caras con mueca. Informarles a los soldados convencionales se consideraba un riesgo para la seguridad, pero está bien, viejo, si eso es lo que quieres.

—A continuación, quiero que todos los suboficiales de alto rango revisen sus lavanderías y se aseguren de que todas las máquinas estén funcionando. Si no es así, infórmenlo a mi jefe de gabinete y conseguiremos unas nuevas.

¿Lavanderías? ¿Está bromeando? ¿El almirante de tres estrellas está preocupado por las lavanderías? Esa preocupación corresponde a los suboficiales subalternos.

—Después de eso, quiero que los comandantes revisen la proporción de vehículos por mecánico en sus parques vehiculares. Deberíamos tener al menos un mecánico por cada tres o cuatro vehículos. Si el número es mayor que eso, infórmenlo a mi jefe y le brindaremos ayuda adicional.

Bien, es justo. Todos necesitamos más mecánicos.

—Por último, quiero que cada supervisor de torre de vigilancia haga una inspección individual antes de cada rotación de guardia. Quiero asegurarme de que los guardias tengan pilas nuevas en sus radios y toda la formación necesaria para disparar de modo correcto el calibre .50.

Hombre, de verdad que estamos en problemas ahora…

—¿A todos les parece bien esto? —pregunté, a modo de una proverbial pregunta retórica.

Todos asienten a medias.

Todo líder comprende que no hay nada más importante para el éxito de una misión que la moral de las tropas, pero con frecuencia malinterpretan la naturaleza de la moral. Esta no solo se trata de que los empleados se sientan *bien,* sino también de que se sientan *valorados*. Se trata de que las bases tengan los recursos necesarios para hacer su trabajo. Se trata de que las tropas crean que su líder escucha sus preocupaciones.

Al cabo de pocas semanas, todas las lavadoras y secadoras funcionaban y el parque vehicular estaba lleno de nuevos mecánicos. A la 1:00 am, hora de Afganistán, el 14 de mayo de 2009, 14 combatientes talibanes cruzaron el campo abierto frente a nuestro campamento, lanzaron granadas y dispararon contra las torres. Los guardias en las torres de vigilancia abrieron fuego en una respuesta sincronizada, con lo cual ayudaron a frustrar el ataque.

Escuchar a las tropas siempre me ha resultado muy útil, ya sea en el Ejército o en la rectoría del Sistema de la Universidad de Texas. Los líderes a menudo pueden convencerse de que son demasiado importantes para ocuparse de los asuntos mundanos de la organización. Ellos, los *verdaderos líderes*, están para resolver los problemas difíciles, los problemas que harán avanzar a la organización al siguiente nivel, los problemas que solo los hombres o mujeres más inteligentes de la empresa pueden resolver.

Cierto, pero... Nunca olvides que también hay problemas que deben resolverse al nivel más bajo posible. Problemas que, si no se abordan, resultan en ineficiencia, ineficacia y moral baja. Problemas que los niveles inferiores de la organización luchan por resolver, pero que el líder puede solventar con una breve instrucción. Y, a veces, la única manera de descubrir dichos problemas es salir de tu oficina y hablar con los hombres y mujeres que hacen el trabajo rudo en tu nombre.

EL LIDERAZGO ES SIMPLE

1. Sal de tu oficina y habla con los empleados al final de la cadena de mando.
2. Encuentra una oportunidad para resolver problemas pequeños, pero en apariencia complicados.
3. Asegúrate de que tu personal superior sepa que estos «pequeños problemas» pueden tener efectos importantes en la moral.

CAPÍTULO CATORCE

Espera encontrar lo que inspeccionas

La verdad se confirma con la inspección
y la demora; la falsedad, por las prisas
y la incertidumbre.

TÁCITO,
HISTORIADOR ROMANO

En 1777, el Ejército Continental bajo el mando de George Washington se estaba tambaleando. Los voluntarios sin entrenamiento militar fueron convocados a la acción, pero se vieron derrotados de manera rotunda por los regulares del Ejército británico. Sin disciplina, sin estructura organizativa y con una moral muy baja, estos agricultores, artesanos y comerciantes batallaban para llevar a cabo, incluso, las maniobras militares más simples.

Para el invierno de ese año, Washington había trasladado sus fuerzas a Valley Forge, fuera de Filadelfia. Necesitaba con urgencia que alguien le ayudara a formar un ejército profesional. Benjamin Franklin, quien en ese momento se encontraba en Europa, encontró al hombre idóneo para el trabajo.

Montado sobre un gran caballo blanco, con todas las insignias militares en su uniforme y dos inmensas pistolas enfundadas a su costado, el general Friedrich Wilhelm von Steuben entró a Valley Forge, en febrero de 1778. Un soldado evocó la llegada de Von Steuben como si fuera el «mismísimo y legendario Dios de la Guerra».

Von Steuben había sido soldado desde los 17 años y había luchado en la guerra de los Siete Años, en la que fue herido en repetidas ocasiones. Luego pasó a servir como intendente, ayudante y ayudante de campo de Federico el Grande. Sin duda, era el soldado que todos querían ser.

A poco tiempo de su llegada, Washington lo nombró inspector general del Ejército Continental. Von Steuben estaba consternado por lo que había visto del ejército de voluntarios. El campamento en Valley Forge estaba mal distribuido: las tiendas de campaña y cabañas estaban esparcidas por el campo, los soldados hacían sus necesidades por doquier, el saneamiento era inexistente, y tanto las armas como el equipo estaban en condiciones de funcionamiento inaceptables.

Además, debido a la falta de buenos registros, la corrupción y los sobornos iban en aumento, ya que los soldados recibían sus mosquetes y demás equipo, y luego los vendían.

A los pocos días de la llegada de Von Steuben se habían iniciado inspecciones de las tropas, de sus tiendas de campaña, sus fusiles y su equipo de combate. También se examinaron los registros administrativos para eliminar la especulación con la guerra. Poco después comenzaron los simulacros diarios; y durante el invierno de 1778, Von Steuben escribió *Regulations for the Order and Discipline of the Troops of the United States* [Reglamento para el orden y disciplina de las tropas de Estados Unidos], un documento que ha sido la base del Ejército estadounidense desde su publicación.

Gran parte del éxito del Ejército Continental se atribuye a la influencia del barón Von Steuben, y durante los últimos 245 años, la idea del buen orden y la disciplina, y el valor de las inspecciones han sido los pilares de toda gran organización militar. De ahí que ningún líder de buena reputación haya cuestionado alguna vez la necesidad de realizar inspecciones.

El coronel Elliot *Bud* Sydnor caminó por la orilla de la carretera examinando los tres vehículos de 18 ruedas alineados, uno tras otro, y listos para partir. Al interior de la cabina del tractor se encontraban agentes federales de la Oficina de Transporte Seguro fuertemente armados. Dentro del remolque de 16 m de largo había documentación clasificada que se enviaba a todo el país.

Durante las últimas tres semanas, Sydnor, un boina verde retirado, había entrenado a los nuevos agentes en procedimientos de protección. Habían simulado todas las amenazas imaginables al convoy: una emboscada terrorista, un cierre de carretera por parte de un grupo activista, una avería del vehículo. Cada oficial tenía responsabilidades específicas para cada escenario. No podían dejar nada al azar al mover esta peligrosa carga, pero el entrenamiento ya había terminado y esta era una misión real.

Sydnor había delegado la supervisión de la misión al agente federal de mayor rango, un capitán de policía. El agente ahora estaba a cargo y supervisaría el traslado real del material. Mientras Sydnor observaba los preparativos finales, hubo algo que llamó su atención: en ningún momento el capitán había realizado una inspección personal de cada guardia en el camión.

Se acercó al agente y, con tacto, le dijo:

—Lo siento, capitán, pero noté que no realizó una inspección personal de sus tropas.

El capitán, algo molesto, giró los ojos hacia arriba y dijo:

—Bueno, coronel, aquí todos somos profesionales. No hay necesidad de una inspección.

Sydnor, un hombre de carácter tranquilo, pero con predilección por los detalles, respondió de forma intencional:

—Bueno, capitán, si usted fuera un verdadero profesional, comprendería el valor de una inspección.

El capitán hizo una pausa, recordando la trayectoria del hombre que estaba frente a él, y en cuestión de minutos cada agente estaba alineado mientras el capitán iba uno por uno asegurándose de que todo su equipo estuviera en su posición y fuera operativo. El capitán sabía que si alguien entendía el valor de una inspección, ese era Bud Sydnor.

El coronel Elliot *Bud* Sydnor fue el comandante de la fuerza terrestre de una de las operaciones especiales más famosas de la historia, la incursión al campo de prisioneros de guerra en Son Tay, Vietnam del Norte. El 21 de noviembre de 1970, seis helicópteros que transportaban setenta soldados, apoyados por cuatro cañoneros C-130 y repostadores, volaron desde Tailandia a través de Laos y Vietnam del Norte en un esfuerzo por rescatar a cerca de sesenta prisioneros de guerra estadounidenses retenidos en el Camp Hope, cerca de Son Tay. Además, hubo cientos de aviones y personal de apoyo de la Armada y la Fuerza Aérea involucrados en la misión. El encargado de desarrollar el plan de entrenamiento fue Sydnor. Él dirigió los ensayos, supervisó las inspecciones y dirigió las fuerzas en el recinto de prisioneros de guerra. Durante la misión, el heroísmo de Sydnor lo hizo merecedor del segundo premio al valor más alto, la Cruz por Servicio Distinguido. Cuando se jubiló después de 31 años, sus condecoraciones también incluyeron la Estrella de Plata, la Legión al Mérito con dos racimos de hojas de roble, la Cruz de Vuelo Distinguido, la Estrella de Bronce y muchos otros galardones.

La incursión en Son Tay fue una de las operaciones más audaces y complejas de la historia militar moderna. Desafortunadamente, los norvietnamitas habían trasladado a los prisioneros de guerra antes del ataque debido a que el agua de su pozo estaba contaminada. Cuando llegaron las fuerzas de ataque, encontraron una dura resistencia por parte de un grupo norvietnamita fuertemente armado; y tras un largo tiroteo, se dieron cuenta de que los prisioneros de guerra no estaban ahí. Aunque no se rescató a prisionero de guerra alguno, la organización y la ejecución de la misión fueron impecables. Cuarenta años después, yo utilizaría la incursión a Son Tay como modelo para la operación Lanza de Neptuno, la misión para capturar a Bin Laden.

Todos los militares del mundo comprenden la importancia de una inspección. Inspeccionamos uniformes, armas, vehículos, tanques, aviones, barcos y todo lo que sea de valor para la organización. Pero con demasiada frecuencia, en el mundo empresarial, le prestamos menos atención de la que deberíamos. Si bien todo CEO aprecia las auditorías internas y externas para verificar el estado financiero de la empresa, ese mismo rigor no siempre se aplica a los demás elementos centrales. Lo que a menudo se pierde es el efecto positivo que las inspecciones pueden tener sobre la moral, pues estas no solo consisten en garantizar el cumplimiento, sino que imponen un nivel de disciplina en el sistema corporativo, y cuando se aplica, las bases saben que están en una organización que se preocupa por la calidad, los resultados y el trabajo duro. A nadie le gusta que lo inspeccionen, pero todo profesional aprecia que alguien por encima de él se preocupe por los detalles, pues en ellos radica el éxito o el fracaso de las empresas.

Como líder, debes encontrar el equilibrio adecuado entre demasiada supervisión y escaso escrutinio. Si no se atienden, la mayoría de las organizaciones se volverán descuidadas e indisciplinadas. Es la naturaleza humana. Tus empleados deben comprender que su trabajo será juzgado, revisado, inspeccionado y calificado; esa es la única manera de garantizar el cumplimiento de los altos estándares que estableces. Si bien las tropas siempre se quejarán de demasiada supervisión y demasiadas inspecciones, también apreciarán saber qué se espera de ellas.

EL LIDERAZGO ES SIMPLE

1. Identifica las aptitudes esenciales dentro de tu organización.
2. Desarrolla un plan para inspeccionar estas áreas de forma periódica.
3. Preséntate durante una inspección para asegurarte de que las bases comprendan que tú, el líder, valoras el proceso y su esfuerzo.

CAPÍTULO QUINCE

Comunica, comunica, comunica

El trabajo eficaz en equipo comienza y termina con la comunicación.

Mike Krzyzewski,
entrenador de basquetbol

La isla San Clemente es un accidente geográfico que se eleva en el océano Pacífico a casi 130 km al oeste de San Diego. Con cerca de 34 km de largo y poco más de 6 de ancho, por lo general está cubierta por una niebla baja y, desde lejos, tiene la apariencia de la «isla de King Kong». Durante los últimos sesenta años, ha sido el hogar de la tercera fase del entrenamiento de los Navy SEAL. Tras casi seis meses de un agotador proceso de selección, los pocos estudiantes que quedan llegan a San Clemente con la esperanza de completar las últimas tres semanas de formación.

Esta fase final suele ser la más difícil. La primera noche, los instructores SEAL te llevan a poco más de 5 km de la costa, te arrojan al agua y te ordenan que nades de regreso a la orilla. También tienen el gran placer de informarte sobre los tiburones que se alimentan en las aguas de San Clemente. Luego está la carrera de 25 km, la prueba de natación de 8 km, las noches interminables de demolición y trabajo con armas, el entrenamiento físico diario y el hostigamiento constante diseñado para quebrantar tu espíritu y poner a prueba tu temple. Pero San Clemente no es solo el campo final de pruebas para los aspirantes a SEAL, sino que también es la prueba más importante para los oficiales y alistados de alto rango. Ningún otro aspecto de la formación SEAL pone tanto énfasis en el liderazgo. Aquí, en la isla, se liderará a cada pelotón a través de una serie de pruebas: breves ejercicios de combate diseñados para evaluar la capacidad de mando y control en las circunstancias más difíciles. Y claro, una de esas pruebas es el simulacro de emboscada.

Nuestro grupo, que había comenzado con 110 hombres hace seis meses, ahora estaba formado por tan solo 33. Éramos mentalmente fuertes, estábamos muy motivados, teníamos un físico imponente y éramos demasiado arrogantes para nuestro propio bien.

Esa mañana nos habíamos reunido en una pequeña meseta en el lado noroeste de la isla. Una niebla gris se suspendía sobre las partes inferiores de la isla y flotaba hacia el agitado mar. Desde la costa, los acantilados se alzaban de modo abrupto en todas direcciones. La mayor parte de la superficie en San Clemente estaba formada por matorrales, cactus y rocas, pero había un área en donde la maleza y los árboles pequeños creaban un pequeño bosque de vegetación, un bosque lo suficientemente espeso como para esconder a siete hombres armados con fusiles de asalto, ametralladoras y simuladores de granadas. Un bosque con la extensión suficiente como para que otros 14 hombres patrullaran por un sendero, esperando ser emboscados.

El jefe Faketty caminaba frente al grupo de estudiantes.

—Muy bien, señores, el ejercicio de hoy es sencillo. Van a caminar por la ruta que elijamos para ustedes y, en algún momento, escondidos entre la maleza, estarán los instructores. Ellos iniciarán la emboscada con balas de salva y simuladores de granadas, y ustedes deberán salir de la zona de muerte lo más rápido posible. ¿Está claro?

—Sí, instructor Faketty —gritamos todos al unísono.

—Señor Mac, tome a su pelotón. Ustedes irán primero —señaló Faketty.

Con rapidez, reuní a los otros 13 estudiantes y los puse en formación de patrulla. Al frente estaba el marinero Dave LeBlanc, el hombre de punta; del grupo era el de mayor experiencia en mapas y brújulas, y el hombre con los ojos y los oídos más agudos. Como comandante del pelotón, ocupé el puesto número dos. Justo detrás de mí estaba el operador de radio. Mi posición en la línea de marcha me permitía dirigir al hombre de punta y luego dar la vuelta y, a través del operador de radio, comunicarme con mi apoyo de artillería, aire o fuego naval. En aquella época solo había una radio por pelotón. Todas las comunicaciones internas del pelotón se realizaban mediante señales de manos y brazos, o gritos fuertes en medio de un tiroteo. Después del operador de radio estaban un artillero de la ametralladora, siete fusileros, un ayudante médico, otro artillero de ametralladora y luego el retaguardia. En definitiva, una potencia de fuego bastante significativa para un pequeño grupo de 14 elementos.

Jim Varner, un suboficial de primera clase, dio un paso al frente. Varner, un marinero de flota experimentado, era el de mayor rango de los soldados de la clase.

—Todo el mundo debe prestarle atención al señor Mac —advirtió—. Si sobrevive a la primera ráfaga de fuego, nos dirá qué dirección tomar. Los instructores lanzarán humo y simuladores de granadas, así que escuchen las órdenes del señor Mac y estén atentos a sus señales con las manos y los brazos.

Marshall Lubin, el retaguardia, habló:

—¡Y asegúrense de transmitir sus órdenes a todos los niveles para que no me quede rezagado!

Todos asintieron. Conocían el procedimiento. Si yo decía «Adelante», corríamos hacia adelante. Si decía «Hacia la izquierda», nos movíamos hacia la izquierda. En una emboscada, lo más importante era salir de la zona de muerte lo más rápido posible. Esto requería que todos estuvieran en la misma página de la partitura. Si el comandante del pelotón no comunicaba su intención, si el pelotón no reaccionaba como un solo cuerpo, si no disparaban en la misma dirección todos, entonces el desastre sería inminente.

Después de una última revisión de nuestras armas y adaptadores de salvas, nos alineamos y salimos. La niebla se había disipado en la costa, pero una fuerte brisa azotaba la meseta. El olor acre del agua salada y el hedor pútrido de los leones marinos que anidaban saturaron mis fosas nasales. Vestido con un uniforme militar de color verde liso, un sombrero de paja, botas tácticas de lona, un arnés H para mis municiones y portando mi fusil M16, me sentía como un Navy SEAL.

Después de unos 15 minutos patrullando por la meseta abierta, llegamos al camino de tierra que conducía a la maleza. Hice un gesto con la mano para indicar que el enemigo podría estar en el área. La señal se transmitió a lo largo de la línea. Sin saber de dónde vendría el ataque, estaba atento a escuchar cualquier sonido que no fuera natural y mis ojos se movían de un lado a otro, de izquierda a derecha.

Cada movimiento en un arbusto me llamaba la atención. Cada ramita que se partía hacía girar mi cabeza. Cada sombra en movimiento proyectada por el sol me hacía ver hombres que no estaban allí. ¿O acaso sí estaban?

Un fusil de asalto M16 estándar de uso militar tiene una fuerza de tracción de 3 kg en el gatillo. Cuando el tirador aprieta la brida de metal curva, hace un clic justo antes de que el percutor se conecte con el cebador en la primera ronda. Pasa solo una fracción de segundo entre que se aprieta el gatillo y se enciende la bala, pero se puede escuchar.

—¡Emboscada a la derecha! ¡Emboscada a la derecha! —gritó alguien.

Desde la maleza alta a mi derecha, el sonido de un adaptador de salvas estalló en un rugido ensordecedor. La emboscada estaba en marcha.

Al mismo tiempo, todos los hombres del pelotón se tiraron al suelo y respondieron al fuego contra la hierba alta.

—¡Granada! ¡Granada! —gritó otra voz.

A mi izquierda, justo al lado del hombre punta, explotó un simulador de granada. Primero una, luego otra, ambas retumbaron en mis oídos con un efecto ensordecedor. En el suelo a mi alrededor, mi pelotón seguía disparando, cambiando cargadores y esperando a que yo diera la orden de moverse. No podíamos contraatacar a través de la maleza porque era demasiado espesa. Y no podíamos movernos hacia la derecha, pues los instructores habían cerrado nuestra salida. Parecía que nuestra única opción era desplazarnos a la izquierda e intentar salir de la zona de muerte. En mi mente sabía que esa era la respuesta del libro de texto, pero tuve una *mejor idea*.

Sin dudarlo, conecté otro cargador a mi M16, salté desde mi posición boca abajo y bordeé por la izquierda la maleza, incluso saludé al hombre punta mientras pasaba corriendo junto a él. Flanquearía a los instructores, rodearía los arbustos, me acercaría por detrás de ellos, y los contraatacaría yo mismo. *Esto sería increíble.*

Como si estuviera poseído, corrí por la hilera de arbustos, salté algunas rocas pequeñas y me encontré sin impedimentos en el terreno elevado detrás de los instructores. Coloqué mi selector en modo automático, apreté el gatillo y acribillé los cuerpos de los siete hombres que yacían detrás de la alta maleza. Avancé y seguí disparando, hasta que le disparé a cada hombre de forma metódica con las salvas.

¡Habíamos ganado!

—¿Qué diablos está haciendo, señor Mac? —gritó el instructor Faketty, saltando del suelo.

—Matar a los malos —fue mi rápida y orgullosa respuesta.

Doc Jennings, uno de los pocos hombres rana negros de la era de Vietnam, se levantó de donde yacía y me miró con completo desdén.

—Señor, es usted un maldito idiota —afirmó con palabras por el estilo—. Dejó a su pelotón tirado en la zona de exterminio. ¿Acaso ellos sabían lo que usted estaba haciendo?

De alguna manera, esto no estaba saliendo como lo había imaginado.

—Regrese con su pelotón, señor Mac —dijo Jennings con severidad.

Pensé que lo peor de mi reprimenda ya había pasado. De seguro el pelotón apreciaría mi rapidez de pensamiento. Ellos entenderían lo que había tratado de hacer. Había derrotado a los instructores y eso debía de tener algún mérito.

—Señor, ¿en qué diablos estaba pensando? —preguntó Varner, haciendo eco de las palabras de Faketty.

—No teníamos idea de adónde había ido —intervino LeBlanc.

Con rapidez intenté explicarle:

—Miren, muchachos. Vi una oportunidad de flanquear al enemigo y salvar al pelotón. Reaccioné.

—Bueno, señor, eso está bien, pero no teníamos idea de lo que estaba haciendo ni de adónde iba.

Marshall Lubin se había dado vuelta para unirse a la conversación.

—Sí, hombre. Yo pensé que estaba huyendo del tiroteo.

—¡No, no, no! Vamos, chicos. Estaba tratando de salvar al pelotón.

—Señor, con el debido respeto, su trabajo era sacarnos de la zona de muerte, comunicar su intención para que todos pudiéramos movernos juntos y sobrevivir —señaló Varner, un poco menos cáustico ahora.

Me limité a asentir. Sabía que tenían razón.

Las palabras de Jim Varner me acompañaron por el resto de mi carrera. «Su trabajo era sacarnos de la zona de muerte, comunicar su intención para que todos pudiéramos movernos juntos y sobrevivir».

No hay nada más desalentador ni crisis más grande que verse atrapado en una emboscada real, con balas reales y vidas reales en juego. Pero ya sea que estés frente a una amenaza existencial o ante un momento difícil en tu negocio, un líder exitoso sabe que debe comunicar sus acciones a sus bases. Si deseas que todos en la organización se muevan como uno solo, debes asegurarte de que hasta el empleado de nivel más bajo comprenda tu intención y siga tus instrucciones.

En la primera página del *U.S. Army Ranger Handbook* [Manual de guardabosques del Ejército de EUA] están las órdenes permanentes para los Rogers' Rangers. Los rangers fueron fundados en 1756 por el mayor Robert Rogers, un consumado cazador, rastreador y soldado de New Hampshire, quien reclutó a nueve compañías de colonos estadounidenses y los entrenó para pelear en la guerra franco-india. Escribió 19 «órdenes permanentes» que todos sus rangers debían memorizar. Aunque estas reglas tienen más de doscientos años, todos los rangers del ejército de hoy en día las tienen memorizadas. Durante más de dos siglos, dichas reglas han sido reforzadas cada día por la cadena de mando. Primero las colgaron en un árbol para comunicarlas, luego en el texto escrito del *Ranger Handbook* y ahora en internet: todos los que usan un distintivo Ranger entienden lo que deben hacer en el campo.

Durante mi tiempo al frente de una unidad conjunta de operaciones especiales, teníamos tropas situadas alrededor del mundo entero. En ocasiones, podíamos llevar a cabo hasta seis videoconferencias en un día, para asegurarnos de manera constante de que los líderes en el campo entendieran mis órdenes y, al mismo tiempo, recibíamos comentarios del soldado de menor rango.

Años más tarde, cuando yo comandaba todas las operaciones especiales de Estados Unidos, de manera rutinaria llevábamos a cabo reuniones con todos los miembros, transmitíamos en vivo reuniones públicas y distribuíamos una selección de correspondencia escrita. Además, ordené que mi «Commander's Intent» [Intención del comandante], que eran los valores y objetivos de la organización, se exhibiera en cada oficina y en cada escritorio. Después de retirarme del Ejército, adopté la misma filosofía de comunicarme de forma excesiva en el Sistema de la Universidad de Texas.

Todos entienden la importancia de una buena comunicación, pero una y otra vez, los líderes no logran garantizar que sus metas, objetivos, valores e intenciones sean comprendidos con claridad por las bases. La comunicación requiere un esfuerzo constante por parte del líder. No es algo que puedas delegar de modo exclusivo a un miembro del personal. Tienes que estar íntimamente involucrado para asegurarte de que el mensaje se entregue con claridad y que estás recibiendo la retroalimentación necesaria para realizar cambios organizacionales cuando sea necesario.

Tarde o temprano, todo líder sufre una emboscada de problemas. Tal vez sea una crisis, un alboroto, un malentendido; o tal vez sea una oportunidad. Pero debes recordar que si vas a actuar de forma agresiva, debes asegurarte de que todos sepan lo que estás haciendo: comunica, comunica, comunica.

EL LIDERAZGO ES SIMPLE

1. Establece un medio para que la comunicación fluya en ambas direcciones.
2. Confirma que los valores y los objetivos de la organización son entendidos incluso por el miembro de menor rango.
3. Nunca tomes una acción importante sin tener un plan para informar a las bases.

CAPÍTULO DIECISÉIS

En caso de duda, sobrecarga

Nada que valga la pena le llega a uno,
si no es como resultado de un arduo trabajo.

Booker T. Washington

La tormenta se movía con rapidez, las nubes oscuras se elevaban por encima del horizonte y los vientos soplaban a veinte nudos. El movimiento del agua frente a la isla San Clemente hacía difícil la localización de los obstáculos de concreto incrustados en la arena a 3 m de profundidad.

A través de la niebla y el agua de mar en mi visor, vi otro obstáculo, un gran bloque de concreto de 1 m por lado con vigas de acero que sobresalían; la creciente marea lo había enterrado. Tomé mi mochila, me sumergí en buceo libre hasta las vigas de acero incrustadas en el obstáculo y coloqué los explosivos al ras del concreto. El obstáculo era enorme y se encontraba justo en la trayectoria del desembarco anfibio. Si no era destruido, los barcos Mike que transportaban a los marines tendrían que desviarse y el desembarco sería abortado.

Como nuevo alférez en el UDT-11, me habían puesto a cargo de un pequeño equipo de 21 hombres rana. Los controladores del ejercicio, miembros de la Marina y del cuerpo de marines, habían colocado diez obstáculos en la trayectoria de la fuerza de asalto anfibia. Nuestro trabajo consistía en despejar los obstáculos para el desembarco en la playa. Si bien se trataba de un ejercicio, la probabilidad de lesiones graves era alta. Si un barco Mike quedaba encallado en las vigas de acero incapaz de maniobrar para salir del oleaje, la posibilidad de que se volcara era real.

Antes del ejercicio, habíamos llevado a cabo una planificación detallada para asegurarnos de tener la cantidad correcta de explosivos plásticos, el metraje correcto de cordón detonante, el número exacto de mechas y detonadores, y —como siempre— suficientes repuestos.

Desde la Segunda Guerra Mundial, los hombres rana de la Marina han despejado playas a lo largo del Pacífico y también como preparativo para el desembarco en Normandía. Lo curioso es que los conceptos básicos para despejar una playa no han cambiado desde entonces: un equipo de hombres rana aborda una lancha de alta velocidad, esta se acerca a la playa y los deja en paralelo a la costa en aguas de 7 m de profundidad. Con ayuda de un pizarrón de plástico, un crayón y una plomada, los hombres rana nadaban la distancia hasta la playa, sumergiéndose a lo largo del camino para localizar los obstáculos.

Una vez que cada hombre llega a la playa y regresa, la lancha de alta velocidad pasa por él y lo recoge. De vuelta en la embarcación nodriza, el líder traza la ubicación de los obstáculos y calcula la cantidad correcta de explosivos necesarios para destruirlos. Estos cálculos son precisos. Para cada obstáculo es necesaria una mochila de 9 kg de C-4. Una vez que todos los explosivos están ensamblados, los hombres rana abordan nuevamente la lancha de alta velocidad, regresan a la playa, cargan los obstáculos con explosivos y detonan el C-4, y, con ello, despejan el camino para los marines. Pero cuarenta años de despejar playas desde Okinawa hasta Normandía y desde Inchon hasta Vietnam les habían enseñado a los hombres rana una lección muy importante: siempre que tengas dudas sobre la cantidad de explosivos que debes utilizar… *sobrecarga*. Deposita siempre más energía, más fuerza, más poder en la solución de lo que parecía necesario. Es la única manera de garantizar el éxito ante la incertidumbre y la duda.

Cinco años más tarde, me asignaron a un equipo SEAL de la Costa Este y me despidieron, me relevaron de mi mando y me reasignaron a otro equipo. En ese momento parecía que mi carrera había terminado. Nunca es bueno que te despidan, pero es realmente malo que te despidan en la Marina y más aún que te despidan en los equipos SEAL, porque todo el mundo sabe quién eres.

Por fortuna, el comandante John Sandoz y el teniente comandante Jon Wright, para quienes había trabajado en el UDT-11, creyeron en mí y me dieron otra oportunidad en un nuevo equipo SEAL. Sabía que las segundas oportunidades eran raras y contadas, y que la única manera de recuperar el respeto de mis compañeros hombres rana era trabajar más duro: más duro de lo que nadie creía necesario, más duro de lo que exigían los cálculos, más duro que los obstáculos en mi camino. Si existía alguna duda sobre mi compromiso, mi aptitud, mi profesionalismo, sobrecargaría mi esfuerzo en todo lo necesario para tener éxito.

Todos los días el refrán «En caso de duda, sobrecarga» hacía eco en mi cabeza. En lo que respecta a mi determinación, no dejaría nada al azar. Al año siguiente, completé un despliegue SEAL exitoso, recuperé el respeto de mis compañeros SEAL y revitalicé mi carrera.

Sin embargo, 25 años después me encontraría en una situación similar. Después de haber sido ascendido a vicealmirante y de tener a mi cargo un comando de operaciones especiales, vi la oportunidad de capturar a varias piezas clave de la red de Al Qaeda que estábamos persiguiendo. El único problema era que estos combatientes se escondían en un país en el que las operaciones sobre el territorio estaban prohibidas debido a la sensibilidad política. Sin embargo, después de meses de exponer mis argumentos ante la CIA, el Pentágono, el Departamento de Estado y la Casa Blanca, recibí la aprobación de la misión. Varios colegas me advirtieron que si esto salía mal, mi tiempo al mando podría verse truncado. A pesar de esto, estaba convencido de que la información de inteligencia obtenida al capturar a estos hombres bien valía el riesgo.

Desafortunadamente, en lugar de capturar a los cinco malos, los SEAL de la misión se vieron envueltos en un feroz tiroteo con el enemigo, por lo que tuvimos que abortar la misión. Si bien todos regresaron sanos y salvos, fue evidente que mi plan y mi liderazgo en la operación habían fracasado. En los días siguientes recibí mucho escrutinio sobre el resultado. Incluso hubo un momento en el que se escuchó a un oficial superior comentar: «Tal vez McRaven sea el hombre equivocado para este trabajo». La duda sobre mi capacidad y liderazgo se había filtrado en la psique de mis superiores y se había extendido con rapidez. Debo admitir que incluso yo tenía dudas sobre mí mismo. Pero la experiencia me había enseñado que la única manera de disipar esas dudas era poner más esfuerzo en el trabajo: era «hora de sobrecargar».

Me levantaba más temprano, trabajaba más tiempo, salía a más operaciones tácticas, estudiaba sin cesar el campo de batalla, dormía mucho menos, y cuando se presentó la siguiente oportunidad, estaba listo. Es así de simple. El trabajo duro crea oportunidades. Y si tropezaste en el camino, duplicar tus esfuerzos revela de modo invariable nuevas oportunidades para tener éxito. Todo líder falla en ocasiones, y esos fracasos pueden crear dudas sobre su visión, su plan, su compromiso, su talento y su liderazgo. Pero recuérdalo siempre: En caso de duda, sobrecarga.

EL LIDERAZGO ES SIMPLE

1. Trabaja duro. Es lo que todo el mundo espera de su líder.
2. Trabaja más duro. Haz el esfuerzo extra. Inspirarás a las bases.
3. Trabaja lo más duro que puedas. Abrirás oportunidades que antes no existían.

CAPÍTULO DIECISIETE

¿Puedes pararte
ante la larga mesa verde?

El 99% de los fracasos provienen de personas que tienen la costumbre de poner excusas.

George Washington Carver

En octubre de 1925, la nación estaba obsesionada con el juicio en corte marcial de un héroe estadounidense: el general Billy Mitchell. Él era un piloto altamente condecorado que había recibido el segundo premio al valor más alto del país por sus hazañas en combate aéreo durante la Primera Guerra Mundial. Pero también era un férreo defensor del poder aéreo, ya que creía que se avecinaba otra guerra y que se debía construir una fuerza aérea unificada que rivalizara con el Ejército y la Armada.

Mitchell estaba convencido de que los aviones que transportaban bombas pesadas podían hundir un buque de guerra. Sin embargo, los dirigentes de la Marina y la Casa Blanca habían presentado argumentos ante el Congreso con la intención de conseguir buques adicionales y defendían su postura con vehemencia. Para respaldar su punto, la Marina orquestó varias demostraciones de la capacidad de supervivencia de los buques, pero los ejercicios fueron manipulados a favor de la Marina y Mitchell expuso el engaño. Por fin, después de insistir en una prueba legítima, demostró sin dejar lugar a dudas que el poder aéreo podía dominar en mar y tierra. Sin embargo, los servicios lucharon de forma intensa contra la idea de una fuerza aérea unificada. Más adelante Mitchell fue sometido a una corte marcial cuando acusó a los líderes del Ejército y la Marina de una «administración casi traidora de la defensa nacional».

La corte marcial contaba con un jurado compuesto por 13 oficiales militares, incluido un joven general de división llamado Douglas MacArthur. Entre quienes testificaron a favor de Mitchell, se encontraban miembros de la realeza militar, como el as de la Primera Guerra Mundial Eddie Rickenbacker, el general Hap Arnold y el general Carl Spaatz. Los dos últimos dirigirían después la Fuerza Aérea de Estados Unidos.

Durante el transcurso de las siete semanas que duró el juicio, Mitchell estuvo de pie ante la «larga mesa verde» de oficiales y expuso su caso. Nunca abandonó su postura de que tenía la obligación moral, legal y ética de plantear estos asuntos a los dirigentes del Ejército y a la Marina. Afirmó que se avecinaba una guerra y que no reconocer lo inevitable y no planificar la lucha era casi una traición.

A pesar de todo el apoyo que recibió y de su apasionada defensa, Mitchell fue declarado culpable de todos los cargos. Del jurado de 13 miembros, MacArthur fue el único funcionario que votó a favor de la absolución. Dijo: «Un oficial superior no debe ser silenciado por estar en desacuerdo con sus superiores en rango y con la doctrina aceptada».

Siete años más tarde, uno de los primeros críticos de Mitchell, Franklin Delano Roosevelt, se convirtió en su más firme defensor. En 1942, el cielo de Alemania estaba lleno de bombarderos estadounidenses, y en 1947, mediante una ley del Congreso, se estableció la Fuerza Aérea de Estados Unidos. La historia reflejaría que Billy Mitchell se mantuvo firme ante las críticas fulminantes y las amenazas de ponerle fin a su carrera. Además, por su apoyo inquebrantable al poder aéreo y su postura de principios sobre la movilización de la aviación, el general Billy Mitchell sería conocido por siempre como el padre de la Fuerza Aérea.

Las decisiones difíciles que tienen graves ramificaciones requieren una reflexión meticulosa. A lo largo de mi carrera, con frecuencia me encontré en un dilema: entre lo que yo sabía que era correcto, y lo que otros esperaban o lo que era conveniente. En esos momentos siempre regresaba a la pregunta «¿Puedes pararte ante la larga mesa verde?». Ahora bien, ¿puedes justificar ante hombres y mujeres razonables, que juzgan tus decisiones, que las acciones que estás tomando son morales, legales y éticas, y que se ajustan a las metas y objetivos de la organización? Si no, deberías reconsiderar tus acciones. Pero si puedes decir con honestidad que tus acciones están justificadas y que personas razonables las verían como tales, entonces defiende tus convicciones y toma las decisiones difíciles.

•• ✳ ••

En 2001, se descubrió que Enron Corporation, una empresa de energía y materias primas ubicada en Houston, defraudaba de modo sistemático y deliberado a sus clientes. Las consecuencias fueron sentencias de prisión para los líderes de la empresa, la disolución de Enron y la caída de una de las firmas de contabilidad más importantes del mundo. En su revelador libro *The Smartest Guys in the Room: The Amazing Rise and Scandalous Fall of Enron* [Los tipos más inteligentes de la sala: el asombroso ascenso y la escandalosa caída de Enron], Bethany McLean y Peter Elkind señalan que varios empleados de alto rango dentro de la organización sabían que algo estaba mal, pero la empresa ganaba millones, por lo que lo dejaron pasar. Estos ejecutivos justificaron sus acciones de diversas maneras y nunca enfrentaron la obvia corrupción. En el epílogo, los autores señalan que «las justificaciones posteriores a los hechos [por parte de los ejecutivos acusados] fueron sorprendentemente similares a la mentalidad que provocó el desastre de Enron en primer lugar. Los argumentos eran limitados y basados en reglas, legales en el sentido sutil de la palabra».

Dicho de otra forma, los líderes intentaban encontrar una manera de justificar el mal comportamiento porque estaban ganando grandes cantidades de dinero.

Lo mismo puede decirse de varias universidades que tergiversaron las reglas de reclutamiento de atletas, hicieron caso omiso a conductas sexuales inapropiadas o les permitieron privilegios especiales a los grandes donantes. Se convencieron de que ganar un campeonato nacional, un Premio Nobel o un gran donativo les aportaría a los estudiantes más recursos y que, por tanto, sus acciones eran justificables.

Tarde o temprano, las acciones de cada líder son examinadas de manera externa e interna. Para evitar los pasos en falso que arruinan tantas carreras e instituciones, debes cuestionarte si es ético, legal y moral; para ello, hay tres preguntas que deben aplicarse a cada decisión y a cada acción:

Ético: ¿Sigue las reglas?
Legal: ¿Sigue la ley?
Moral: ¿Sigue lo que sabes que es correcto?

Si bien la mayoría de las personas podría pensar que saber lo que es correcto o incorrecto en el ámbito moral a veces puede ser ambiguo, en realidad *no lo es*. Al hablar tanto con subordinados como con superiores que tomaron una mala decisión y tuvieron que enfrentar las consecuencias, de modo invariable decían: «En el fondo, sabía que no estaba bien, pero…», y añadían su justificación.

En mis años como líder he descubierto que cuando me enfrento a una decisión desafiante, casi siempre sé cuál es la respuesta correcta. Lo que ocurre es que esta es difícil de aceptar y las decisiones son difíciles de tomar, porque no vivimos en un mundo aislado. Tomar una decisión difícil a veces te hará perder amigos. La gente se enojará contigo. También es posible que genere pérdidas a corto plazo. Incluso puedes ser sometido a un consejo de guerra. Pero si comprendes que tarde o temprano tendrás que rendir cuentas de tus acciones, al elegir hacer lo que es moral, legal y ético, lo más probable es que termines en el lado correcto de la historia.

EL LIDERAZGO ES SIMPLE

1. Asegúrate de que todas tus decisiones sean morales, legales y éticas.
2. Pregúntate si las personas razonables aceptarían lo que estás haciendo como bueno y decente.
3. Tarde o temprano, tendrás que rendir cuentas de tus acciones, así que haz siempre lo correcto.

CAPÍTULO DIECIOCHO

Ten siempre un compañero de natación

Mucha gente quiere viajar contigo en la limusina, pero lo que tú quieres es a alguien que tome contigo el autobús cuando la limusina se averíe.

Oprah Winfrey

El mayor cumplido que un hombre rana puede hacerle a otro es llamarlo «compañero de natación». Es un término simple, pero transmite todo sobre cómo vivimos, cómo luchamos y, a veces, cómo morimos.

Bajo el agua, por la noche, cuando está más oscuro, es tu compañero de natación quien nada a tu lado, siempre listo para brindarte aire si se te agota, desenredar tus líneas si quedas atrapado debajo de un barco o defenderte de visitantes no deseados.

Cuando te lanzas en paracaídas, es tu compañero de natación quien revisa tu paracaídas antes de saltar y se asegura de que lo despliegues a la altitud adecuada. Y es tu compañero de natación quien aterriza a tu lado en territorio enemigo.

Cuando patrullas en combate, es tu compañero de natación quien camina a tu flanco, cubriendo tus espaldas. Es tu compañero de natación quien establece una base de fuego para que puedas maniobrar contra el enemigo. Y, a veces, es tu compañero de natación quien da su vida por la tuya.

Un aprendizaje temprano en el entrenamiento SEAL es que nunca puedes hacer nada, en ningún momento, sin un compañero de natación, alguien que pueda sacarte de una situación difícil. Tu compañero de natación es más que un compañero de buceo, tu compañero de natación es tu protección, tu conciencia, tu amigo y, con frecuencia, tu salvación.

Terminé la videollamada y me quedé sentado en un silencio, aturdido. Los médicos de Fort Bragg me habían llamado hacía unos momentos a mi cuartel general en Bagram, Afganistán, para notificarme que acababan de recibir los resultados de mi biopsia ósea. Tenía cáncer.

Los tres médicos me aseguraron que el cáncer era tratable, «el mejor tipo de cáncer que uno puede padecer si va a tener cáncer», pero que era probable que eso le pusiera fin a mi carrera SEAL.

Después de varias respiraciones profundas para recuperar la compostura, salí de la pequeña habitación y regresé a mi oficina al final del pasillo. Esperándome, estaba mi imparable sargento mayor de mando, Chris Faris, quien para ese entonces ya llevaba tres años conmigo. Era mi mano derecha. Lo que sucede con la guerra es que complica todas las decisiones. Como líder, a veces te cuesta hacer lo correcto para la misión, lo correcto para las tropas y lo correcto para tu brújula moral. Faris siempre se aseguró de que mis tres prioridades estuvieran en sintonía.

—¡Almirante, mi almirante! ¿Cómo está hoy, señor? —Faris sonrió cuando entré por la puerta.

—Bien —respondí con dificultad para concentrarme.

—¿Está bien? —preguntó Faris.

Levanté la mirada del suelo.

—Sí, bien.

Faris miró a mi oficial ejecutivo, el teniente coronel Art Sellers, quien estaba sentado frente a un escritorio de madera en el centro de la habitación. Se veía preocupado. Sellers y Faris tenían una gran relación. Parecía que podían comunicarse telepáticamente.

—Muy bien, jefe. ¿Qué pasa? —preguntó Faris.

Entré a mi oficina interior y Faris me siguió.

—Acabo de tener una videollamada con los médicos de Fort Bragg.

—Y... —Faris respondió con cierta vacilación.

—Y... me dijeron que tengo cáncer.

Faris se quedó en silencio.

—¿Qué tan avanzado?

—Dicen que es controlable, pero que debo regresar a Bragg de inmediato y comenzar el tratamiento.

Faris tomó asiento. Me di cuenta de que se debatía en cómo manejar la noticia. ¿Se compadecerá? ¿Mostrará lástima? ¿Me dará esperanza?

—Oiga, no se preocupe, jefe. Superará esto.

Faris vio el reloj. Ya casi era hora de mi sesión informativa matutina sobre operaciones e inteligencia, una sesión que involucraba a los comandos de todo el mundo.

—Necesita prepararse para la O&I.[5] Vamos.

No estaba preparado en absoluto, pero Faris insistió. Se paró frente a mi escritorio, me miró directo a la cara y advirtió:

—Todavía tenemos una misión que cumplir y la gente cuenta con usted.

No era lo que quería escuchar. Quería que el sargento mayor fuera empático. Quería que el mundo supiera que estaba sufriendo y que necesitaba su apoyo. Quería que alguien sintiera pena por mí.

—Señor —dijo Faris con severidad—, vamos.

A regañadientes, me levanté de la silla y caminé por el largo pasillo hacia el gran centro de mando.

Cuando entré a la sala, todos se levantaron. Ocupé mi asiento en el centro de la mesa, pero estaba batallando. Todos me miraban a la espera de algunas palabras iniciales. Antes de que pudiera hablar, Faris solicitó el informe de bajas de la noche anterior: ¿quién había resultado herido?, ¿había habido alguna baja?

Mientras se transmitía el informe de varios heridos, Faris me dirigió esa mirada que ya había visto

---

[5] Se refiere al concepto de fusión a las Fuerzas Especiales al relacionar operaciones e inteligencia (O&I) todo lo estrechamente posible *(N. de la t.)*.

cientos de veces. Era la mirada que decía: «¿Está escuchando, almirante?».

Escuché.

Entendí.

¿Cómo se comparaba mi diagnóstico menor con el de aquellos hombres y mujeres jóvenes que habían recibido un disparo o un impacto con un artefacto explosivo improvisado? ¿De qué podía yo quejarme?

Yo estaba a cargo. «¡Haz tu maldito trabajo!».

Faris preguntó por algunos de los heridos y luego me pasó el micrófono. Una pequeña sonrisa de complicidad apareció en su rostro. Había hecho justo lo que yo necesitaba que hiciera. Ahora era el momento de dar un paso al frente.

En los años que Chris Faris y yo servimos juntos, participamos en docenas de misiones de combate, así como en operaciones muy delicadas y exitosas para rescatar rehenes, incursionar en complejos y realizar ataques con misiles. No todas habían salido bien y, con frecuencia, le pasaban factura a mi moral. A veces, la carga del mando era abrumadora, y si no hubiera sido por el apoyo inquebrantable de Faris, y por su capacidad para leer mis pensamientos, para saber cuándo hablar, cuándo consolar, cuándo castigar, cuándo bromear, cuándo hostigar y cuándo seguir, yo no habría logrado dirigir tan bien.

Después de mi diagnóstico, Chris Faris me mantuvo enfocado en lo importante. Se compadecía cuando era correcto hacerlo, pero jamás me permitió sentir lástima por mí mismo. *Era amor de mano dura*. Es el tipo de amor que necesitas cuando crees que eres la única persona en el mundo con problemas. Es el tipo de patada en el trasero que un buen compañero de natación no duda en darte porque está ahí para ayudarte. Ese año logré controlar mi cáncer, mi carrera continuó su curso y, con Chris Faris a mi lado, llevamos a cabo la misión con la que capturamos a Osama bin Laden.

He visto muchas organizaciones en las que el presidente o el CEO cree que debe ser lo suficientemente fuerte por sí mismo para resistir la presión diaria del liderazgo. Cree que mostrar algún signo de debilidad ante cualquier miembro de la organización socavará su posición. Si bien he dicho que a un líder «no se le permite tener un mal día», me refiero solo a su comportamiento en público: ante las bases, los empleados o los accionistas, un líder nunca debe quejarse, nunca debe parecer derrotado o abatido. Si lo hace, su actitud taciturna se extenderá como la pólvora por toda la organización. Sin embargo, todo líder tiene días malos; todo líder necesita a alguien con quien hablar; todo líder debe encontrar a alguien en quien pueda confiar.

Los compañeros de natación son una necesidad en la vida. Llámalos copilotos, primeros oficiales, jinetes con escopeta, el Capitán y Gilligan, Thelma y Louise, Barney y Fred, hermanos, hermanas, esposos, esposas, socios. Llámalos como quieras, pero sin un buen compañero de natación estarás destinado a tomar malas decisiones, te enfrentarás en solitario a las dificultades de la vida, y en ocasiones te hundirás en la autocompasión y nada de lo que hagas te resultará satisfactorio.

Todo hombre rana sabe que en las turbulentas aguas de la vida siempre necesitas un buen compañero de natación.

EL LIDERAZGO ES SIMPLE

1. Encuentra a una persona en la que puedas confiar incondicionalmente. Debes estar preparado para apoyarte en ella en momentos de gran estrés.
2. Acepta tanto su apoyo como sus críticas con el mismo ánimo.
3. Sé un compañero de natación para los demás. ¡Alguien allá afuera te necesita!

CONCLUSIONES

En su novela más vendida, *Puertas de fuego,* Steven Pressfield cuenta la historia de la batalla de las Termópilas en el año 480 a. C. El ejército persa de 150 000 hombres, bajo el mando de Jerjes el Grande, avanzaba hacia Grecia, y lo único que se interponía entre Jerjes y la destrucción del mundo occidental eran trescientos espartanos liderados por el rey Leónidas.

Los espartanos aseguraron el paso estrecho de las Termópilas y, bajo el liderazgo de Leónidas, resistieron los embates de los persas durante tres días antes de que todos, excepto un hombre, fueran masacrados. Pero el costo para el ejército persa fue tan grande que al final Jerjes se retiró y jamás regresó.

Cuando los persas abandonaron Grecia, Jerjes hizo que llevaran ante él al espartano sobreviviente. Herido de gravedad y exhausto por la batalla, el espartano se paró desafiante ante Jerjes. Este quería saber por qué los trescientos espartanos habían luchado tan duro, por qué habían sacrificado todo por el rey Leónidas y qué tenía aquel rey que lo hacía un líder tan extraordinario.

El espartano respondió:

—Un rey no permanece dentro de su tienda mientras sus hombres se desangran y mueren en el campo. Un rey no cena mientras sus hombres pasan hambre, ni duerme cuando ellos están en vela en la muralla. Un rey no ordena a sus hombres lealtad por miedo y no la compra con oro; se gana su amor con el sudor de su frente y los dolores que soporta por ellos. Lo que resulta la carga más pesada, un rey es el primero en tomarla y el último en soltarla. Un rey no exige el servicio de aquellos a quienes dirige, sino que se los proporciona a ellos...

Si bien *Puertas de fuego* es un relato ficticio de la batalla, no hay mejor descripción del liderazgo que la dicha en las palabras del último espartano en la novela de Pressfield. Pero pocos de nosotros somos el rey Leónidas, y la mayoría de nuestros desafíos de liderazgo no alcanzará el grado de salvar al mundo occidental. Sin embargo, ya sea que estés manteniendo a raya a un ejército invasor o que te encuentres dirigiendo a un pequeño equipo en una cafetería, los principios del liderazgo siguen siendo válidos.

En primer lugar, debes esforzarte por ser un líder íntegro: sé honesto, sé justo, no mientas, no hagas trampa ni robes. Encuentra un código moral que te llame la atención: el código de honor de West Point, la ley de las niñas exploradoras, el juramento hipocrático o las escrituras de la Biblia cristiana, el Corán o la Biblia hebrea. Adopta un comportamiento ético y recuerda que, aun cuando tropieces, puedes encontrar el camino de regreso a una vida de honor. También debes comprender que al ser un líder con integridad, estás creando una cultura sólida para tu organización, porque esta comienza desde arriba. Si no cumples con las normas de la buena conducta, ¿cómo esperas que otros lo hagan?

Ser una persona de carácter es la base del liderazgo, pero por sí sola esta cualidad no es suficiente para el éxito, también debes ser competente. Cuando tienes buen carácter y aptitud, te ganas la confianza de tus jefes, colegas y subordinados. Con confianza, la gente te seguirá. Sin ella, es posible que tengas que atacar la colina o proteger el paso tú solo.

Como líder, debes tener cierta arrogancia y una confianza sana en que eres la persona adecuada para el trabajo. Tu seguridad en ti mismo inspirará confianza en los demás: confianza en que pueden afrontar los desafíos; confianza en que, sin importar los obstáculos, estarás a la altura de las circunstancias y los conducirás al éxito. Pero no confundas la arrogancia con la confianza. Debes ser lo suficientemente humilde para reconocer el valor de cada integrante del equipo y para buscar consejo cuando sea necesario. La confianza y humildad no se excluyen.

Ser líder a veces es agotador. Imagina a los médicos y enfermeras que estaban en la primera línea durante la pandemia por covid-19, los socorristas en las Torres Gemelas, los jóvenes capitanes del Ejército en Ramadi, o las integrantes de los equipos de participación femenina en Afganistán. Los días son largos, hay mucho en juego y la presión a veces es insoportable. Es como si toda la carga organizacional recayera sobre tus hombros. Por ello ser líder requiere tanta resistencia. Debes ser fuerte física, emocional y espiritualmente. Tus empleados se alimentarán de tu fuerza; pero si muestras fatiga y cansancio, y si sucumbes ante los desafíos, esto agotará la energía de tus empleados y la organización se verá afectada.

Los problemas radican en el corazón del liderazgo: un ejército sin entrenamiento que lucha contra los británicos, una unión de estados que se disuelve, la flota imperial japonesa a la vuelta de la esquina, la explosión de plataformas petroleras, la interrupción de la cadena de suministro, padres descontentos con la escuela, un equipo de ligas menores que no puede lograr una victoria. Si no estás preparado para afrontar los problemas difíciles, entonces no eres material de liderazgo. Y la única manera de abordar un gran desafío es de frente. No seas ambiguo, no eludas el tema, no lo dejes en manos de alguien de menor jerarquía; ten la iniciativa, muestra tu liderazgo y salta con ambos pies.

En el fondo, todos amamos a quien corre el riesgo: el entrenador que da la orden para realizar una jugada engañosa, el corredor que apuesta por acciones de un centavo o el general que planea una incursión audaz. Nos encanta cuando salimos victoriosos a pesar de que las probabilidades estaban en nuestra contra. Queremos que nuestros líderes corran riesgos porque entendemos que «quien no arriesga no gana». Pero recuerda: siempre existe una diferencia entre correr riesgos y ser demasiado arrogante. Como líder no puedes ser descuidado con el bienestar de tus empleados, los recursos de tu empresa o el futuro de la organización. Conviértete en ese alguien que asume riesgos, pero que los administra mediante una planificación, preparación y ejecución adecuadas.

Quienes triunfan como líderes tienen cualidades que los sitúan por encima del promedio: son honorables y dignos de confianza, confiados pero humildes; tienen resistencia, iniciativa y no temen correr riesgos. Estas cualidades son la base de un buen liderazgo. No obstante, los buenos líderes también deben tomar medidas para lograr sus objetivos.

En alguna ocasión, el reverendo John Jenkins, presidente emérito de la Universidad de Notre Dame, dijo: «Que nunca nadie diga que tuvimos sueños demasiado pequeños».

Los grandes líderes de este mundo nunca tienen sueños demasiado pequeños. Tienen una visión audaz:

un hombre en la Luna, erradicar la viruela, igualdad, construir un mundo basado en energía sostenible, un equipo de secundaria convertido en campeón nacional o un nuevo modelo de negocio. Y además de esa visión, los líderes deben tener una base firme de planificación detallada y trabajo duro (no solo ilusiones).

Además de tener ese plan, un corolario importante es comprender que ningún plan se ejecuta a la perfección. El azar y la incertidumbre siempre entran en juego. Ya sea que tu plan consista en una gran empresa estratégica o un pequeño compromiso táctico, mantente siempre preparado para ajustarlo a las circunstancias que se te presenten. Ten un plan B y, muchas veces, un plan C, D y E.

Cada visión, cada estrategia corporativa, cada gran plan debe marcar puntos de referencia establecidos por el líder para llevar a la organización a la excelencia. Las bases quieren ser desafiadas; quieren formar parte de un equipo excepcional con altos estándares, expectativas elevadas y objetivos ambiciosos. Todo el mundo quiere ser un ganador.

Todos los grandes líderes con los que serví entendían la necesidad de compartir las dificultades con los hombres y mujeres a quienes lideraban. No hay forma más rápida de ganarse el respeto de las tropas que pasar tiempo en la fábrica, en la sala de máquinas, en el almacén, en la clínica o en la trinchera.

La suite C, la oficina de la esquina, la oficina principal o el cubículo más grande pueden hacerte creer que tu lugar está por encima de las personas a las que prestas servicios. No es así. Dondequiera que te sientes como líder, no lo hagas por mucho tiempo. Sal de tu oficina y pasa tiempo con los empleados, esto te permitirá apreciar el trabajo que realizan, comprender los desafíos que enfrentan y tener ideas para mejorar el negocio.

Tu trabajo como líder es garantizar que la organización funcione de la manera más eficiente y eficaz posible. Esto significa una supervisión continua y adecuada. Las bases pondrán resistencia, pero si saben que esta es tu prioridad, y que tú participas en las inspecciones y a la vez eres inspeccionado, entonces lo aceptarán como una tarea importante y valiosa para la institución.

Con ayuda de todos estos pasos, la comunicación servirá para sincronizar la fuerza laboral de arriba abajo. Por lo tanto, ya sea que te encuentres estableciendo la visión, planificando la estrategia, desarrollando el plan o inspeccionando la fábrica, asegúrate de comunicar siempre tus objetivos, tus expectativas y, lo más importante, tu agradecimiento. Tus empleados podrán estar o no de acuerdo con la dirección que estableciste para la organización, pero siempre agradecerán que les informes lo que estás pensando y hacia dónde te diriges como líder.

En múltiples ocasiones, se ha citado a Jefferson con la frase «Cuanto más trabajo, parece que más suerte tengo». Yo diría que nada en tu caja de herramientas de liderazgo es tan valioso como el trabajo duro. Este crea oportunidades; hace que tu fuerza laboral te aprecie; aumenta tu conocimiento, tu comprensión, tu empatía y tu entendimiento. El trabajo duro compensará tu falta de talento. Y cuando tropieces como líder, nada reparará tan rápido el daño como el trabajo duro.

Por definición, todo líder es responsable de algo. Si eres responsable de una cafetería, un restaurante de hamburguesas, una tienda de menudeo, una escuela primaria, una escuela secundaria, una universidad, un corporativo, un hospital, un banco en Wall Street o una agencia gubernamental, entonces también eres responsable ante tus trabajadores, clientes, empleadores y reguladores. La responsabilidad es tuya. Los grandes líderes aceptan la responsabilidad y la rendición de cuentas. Asegúrate de que tus acciones y decisiones siempre sean morales, legales y éticas.

Por último, ningún líder es inmune a las presiones del trabajo. Para tener éxito, todos necesitamos un compañero fuerte, capaz de levantarnos cuando caemos, sacudirnos el polvo y animarnos a seguir adelante. Un compañero que nos diga la verdad, nos ofrezca amor de mano dura, nos critique sin juzgarnos y nos guíe para atravesar los momentos difíciles. Detrás de cada gran líder hay un gran compañero.

En su libro *Principios que funcionan. En la vida y el liderazgo,* Colin Powell cuenta la historia del viejo general, sentado en el club de oficiales, a quien se le acerca un nuevo segundo teniente del Ejército. El general está bebiendo su tercer martini cuando el joven teniente reúne el valor para acercársele. El general es muy cortés y, después de una pequeña charla, el teniente al fin le hace la pregunta que tanto deseaba.

—¿Cómo se llega a ser general?

—Bueno, hijo —responde el general—, esto es lo que haces: trabajas como perro, nunca dejas de estudiar, entrenas duro a tus tropas y las cuidas, les eres leal a tu comandante y a tus soldados, haces lo mejor que puedes en cada misión, amas al Ejército, y estás listo para dar la vida por la misión y por tus tropas. Eso es todo lo que tienes que hacer.

El teniente responde:

—Vaya, ¿y así es como se llega a general?

—No —contesta el general—. Así es como se llega a primer teniente. Sigue repitiéndolo y déjales ver de qué estás hecho.

El liderazgo es difícil. Aun después de cuarenta años de ocupar puestos de liderazgo, continúo aprendiendo a ser un mejor líder. Aprendo de mis alumnos en clase, de mis compañeros de trabajo, de mis compañeros de la junta directiva, de mi familia y de mis amigos. Pero al igual que el consejo del viejo general, lo único que sé sobre el liderazgo es que debes seguir haciendo lo mejor que puedas cada día y dejarles ver de qué estás hecho. Y recuerda siempre: si bien el liderazgo es difícil, no es complicado. Espero que encuentres algún valor en la sabiduría de este viejo *Bullfrog* en tu camino para convertirte en un mejor líder.

EL LIDERAZGO ES SIMPLE

MUERTE ANTES QUE DESHONRA

(Sé una persona íntegra)

NO PUEDES GENERAR CONFIANZA EN UN INSTANTE

(Sé digno de confianza)

CUANDO ESTÉS AL MANDO, MANDA

(Confía en ti mismo)

TODOS TENEMOS NUESTRO FLOTADOR DE RANA

(Ten un poco de humildad)

EL ÚNICO DÍA FÁCIL FUE AYER

(Demuestra que tienes resistencia)

CORRE AL SONIDO DE LAS ARMAS

(Sé agresivo al resolver problemas)

SUA SPONTE

(Anima a tus empleados a tomar la iniciativa)

QUIEN SE ATREVE GANA

(Prepárate para correr riesgos)

LA ESPERANZA NO ES UNA ESTRATEGIA

(Haz la planificación necesaria para el éxito)

NINGÚN PLAN SOBREVIVE
AL PRIMER CONTACTO CON EL ENEMIGO

(Ten un plan B)

VALE LA PENA SER UN GANADOR

(Establece estándares de conducta y desempeño)

UN PASTOR DEBE OLER IGUAL
QUE SUS OVEJAS

(Pasa tiempo en el «piso de la fábrica»)

ESCUCHA A TUS TROPAS

(Escucha a tus empleados)

ESPERA ENCONTRAR LO QUE INSPECCIONAS

(La calidad de tu trabajo dependerá de la calidad de tu supervisión)

COMUNICA, COMUNICA, COMUNICA

(Comunica tus acciones)

EN CASO DE DUDA, SOBRECARGA

(Trabaja duro para compensar tus deficiencias)

¿PUEDES PARARTE ANTE LA LARGA MESA VERDE?

(Sé responsable de tus acciones)

TEN SIEMPRE UN COMPAÑERO DE NATACIÓN

(Ten un compañero en tu viaje de liderazgo)

AGRADECIMIENTOS

Deseo agradecerle a mi amigo Bob Barnett por velar siempre por mis mejores intereses, así como a mi editor Sean Desmond y al gran equipo de Hachette Books por su inquebrantable apoyo para la edición original en inglés.

ACERCA DEL AUTOR

William H. McRaven es autor del *bestseller* internacional *Tiende tu cama, y otros pequeños hábitos que cambiarán tu vida y el mundo.* Durante sus 37 años de carrera militar, ocupó posiciones de liderazgo en todos los niveles. Como almirante de cuatro estrellas, su último cargo fue a la cabeza del Comando de Operaciones Especiales de Estados Unidos. Después de retirarse de la Marina, ejerció de rector del Sistema de la Universidad de Texas (2015-2018), en la que pronunció su famoso discurso, el cual tiene más de 30 millones de reproducciones en YouTube. Actualmente vive en Austin, Texas, con su esposa Georgeann.